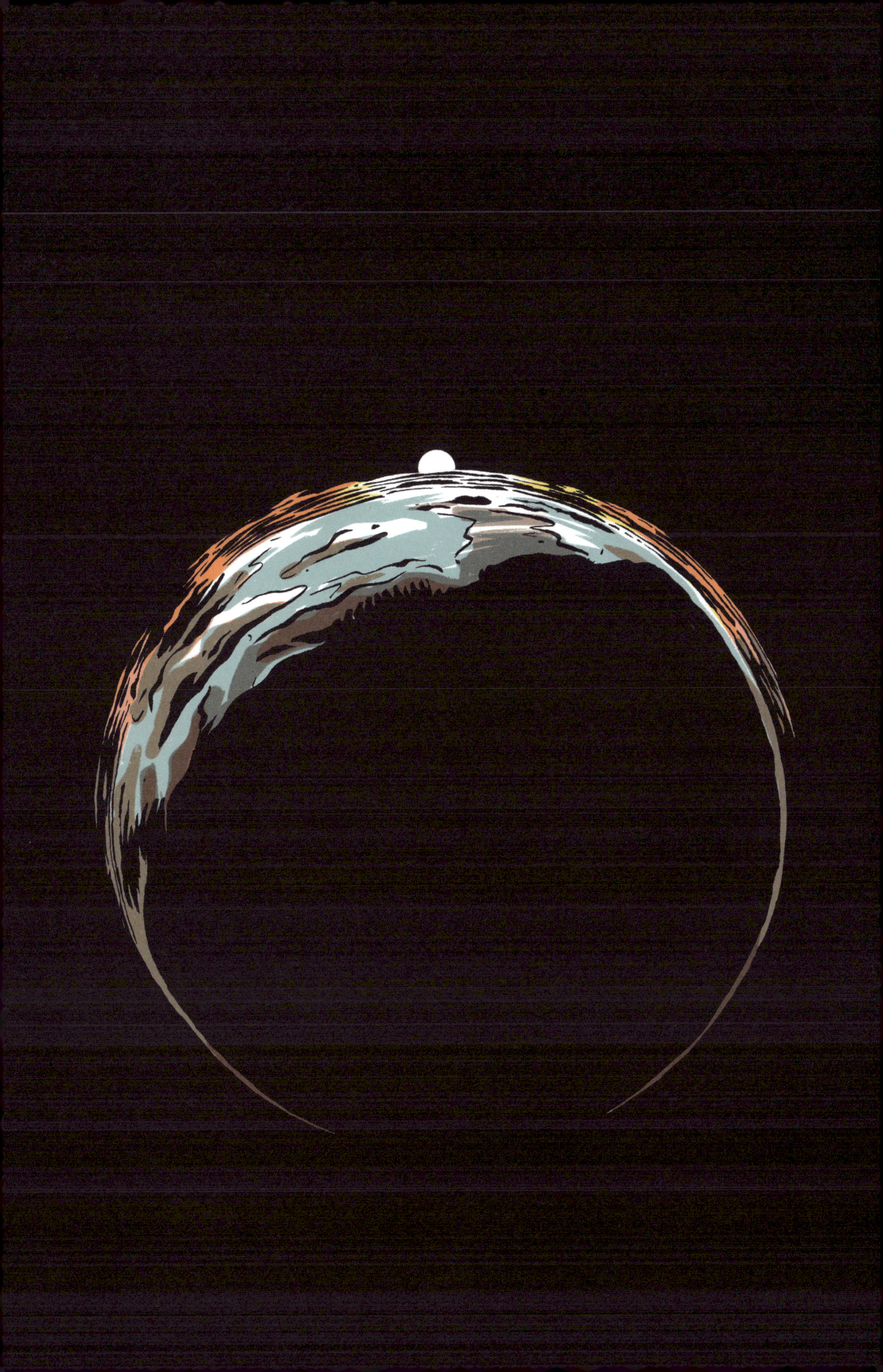

Ondřej Buddeus & Jindřich Janíček

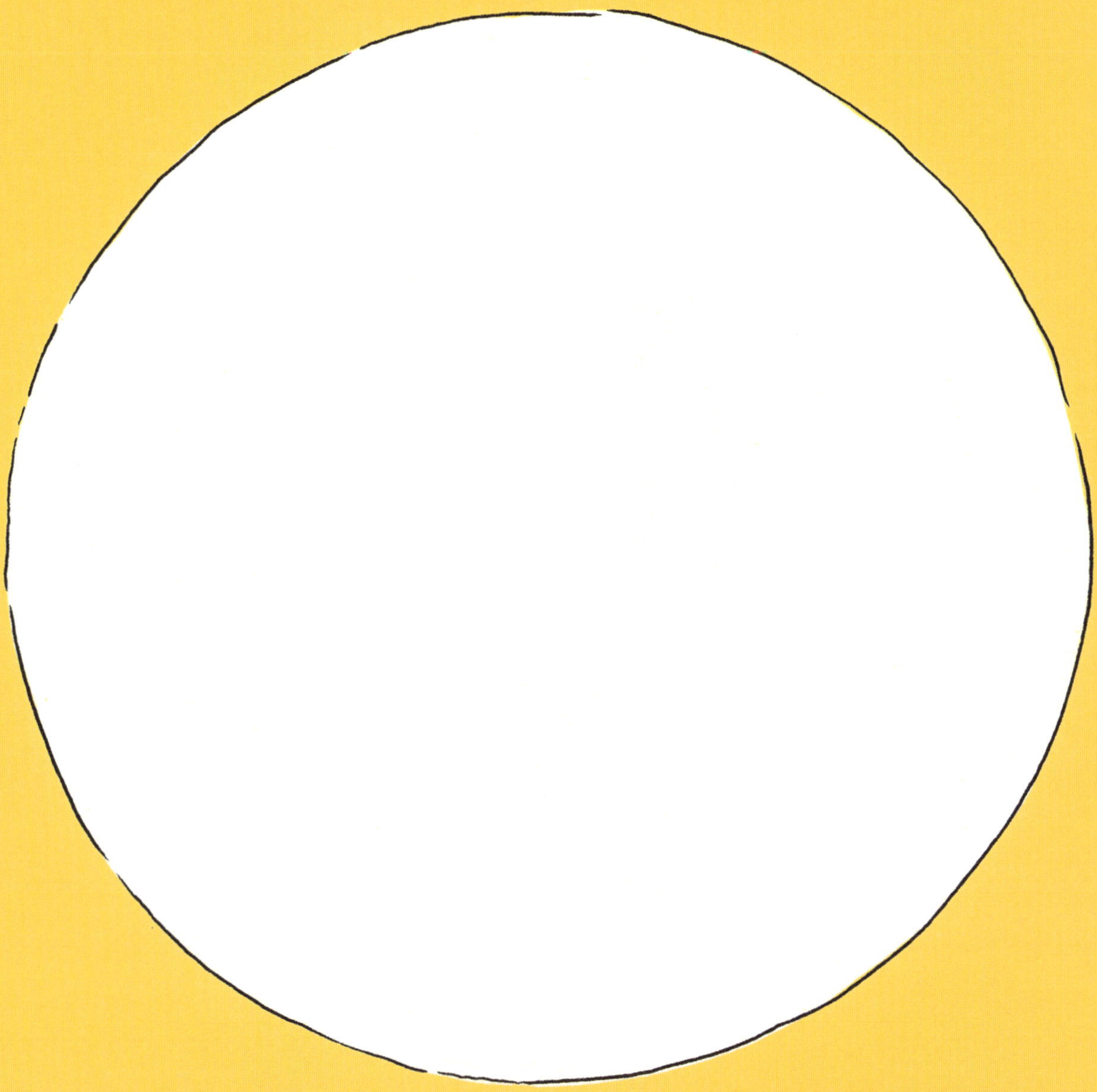

FAHR RAD

Aus dem Tschechischen von Lena Dorn

ISBN: 978-3-7920-0386-2

Das Fahrrad ist ein vom Menschen gemachtes Ding. Manchmal verhält es sich aber, als wäre es lebendig. Es kann langsam oder schnell sein, fröhlich oder traurig, flott oder plump, einsam oder umsorgt, faul oder fleißig, leise oder laut, attraktiv oder unansehnlich, widerwillig oder bereitwillig, lustig oder langweilig, ambitioniert oder gewöhnlich, umgänglich oder unfreundlich, energetisch oder müde, verlässlich oder unvorhersehbar, unübersehbar oder fad, verloren oder zielstrebig.

Wenn es allein ist, wartet es ab und wirkt wie ein schlafendes Tier. Aber wenn du aufsattelst, hat es plötzlich die Kraft und Lebenslust, die du ihm gibst. Es transportiert so viele Ideen und Gefühle, wie du ihm auflädst. Manchmal ist es nur ein Gefährt, manchmal ein Gefährte und manchmal überhaupt der Grund für die ganze Fahrt. Es fährt so lange, wie du willst und kannst. Und bringt dich wieder zurück.

Wer ist der beste Freund des Menschen? Natürlich der Hund, die Katze, das Pferd ... und das Fahrrad.

WAS IST EIN FAHRRAD?

Ein Fahrrad ist ein Gefährt, das normalerweise zwei Räder hat, die hintereinander angebracht sind. Darum spricht man von ihm als »einspurig«. Man benutzt es als Verkehrsmittel. Um sich vorwärts zu bewegen, braucht es Muskelkraft. Man könnte also sagen, es fährt mit dem Wasser, das man getrunken, und dem Essen, das man gegessen hat. Wer in die Pedale tritt, gibt auch mithilfe des Lenkers über das Vorderrad die Richtung vor. Normalerweise sitzt man dabei auf dem Sattel. Die Füße berühren den Boden nicht, sondern treten in die Pedale. Würden die Füße den Boden berühren, dann säße man nicht auf einem Fahrrad, sondern auf einem Laufrad. Wäre auf dem Rad kein Sattel, dann wäre es ungefähr so bequem wie ein Geländer. Hätte es keinen drehbaren Lenker, dann müsste man mit dem Rad auf Schienen fahren wie eine Straßenbahn. Könnte das Rad ohne Muskelkraft fahren, dann wäre es ein Motorrad. Wären seine Räder nicht hintereinander, sondern nebeneinander, dann wäre es kein Fahrrad, sondern ein Karren. Wenn es Flügel hätte und fliegen würde, dann wäre es ein Flugzeug. Hätte es einen Propeller, dann wäre es ein Hubschrauber. Und wenn es nicht von einem Propeller, sondern im Wasser von einer Schiffsschraube angetrieben würde und einen Schutzanzug um sich herum hätte, dann wäre es kein Fahrrad, sondern ein Tauchboot.

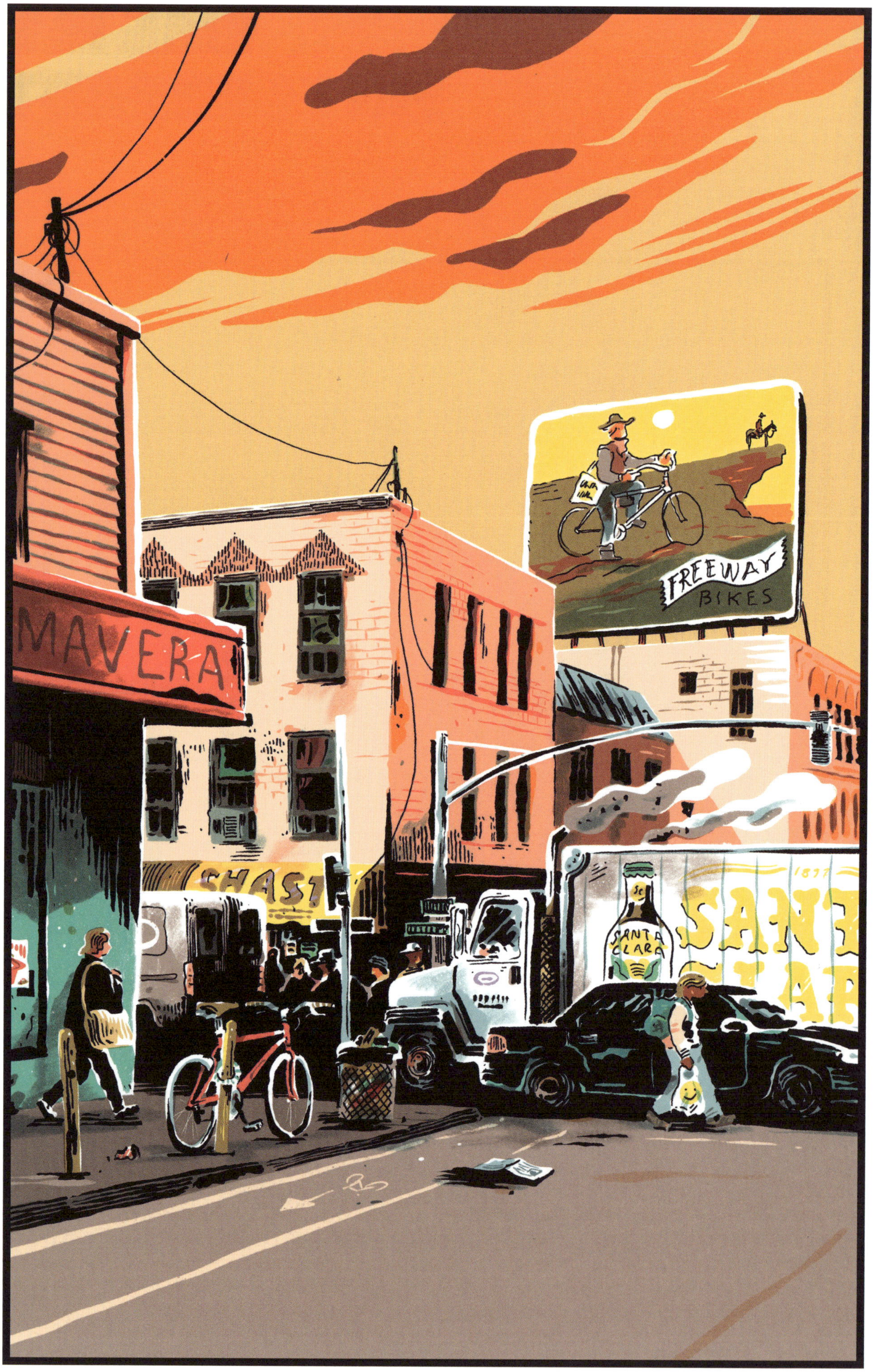
MAVERA
FREEWAY
BIKES
SHAST
SANTA CLARA

VIELE FAHRRÄDER SEHEN SO AUS:

... ODER SO:

Das BMX kann die besten Tricks der Stadt.

Das Rennrad ist ein ganz schnelles Rad,
das Asphalt liebt.

Das Lastenrad kann Kinder in die Schule
oder schwere Ladung transportieren.

Das Mountainbike ist das stärkste
und wildeste in der Familie.

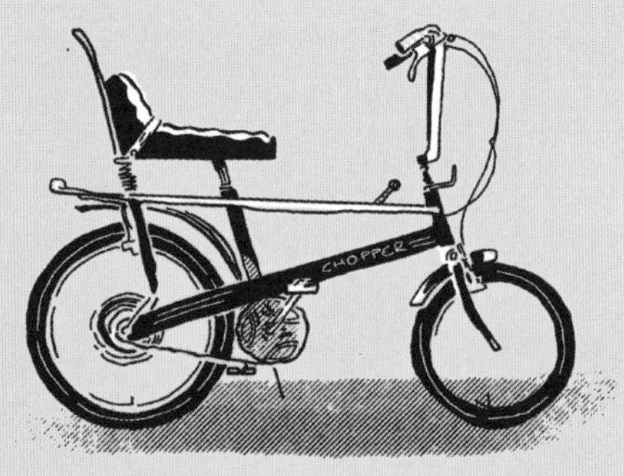

Das Bonanzarad eignet sich gut,
wenn du absolut unübersehbar sein willst.

Die Laufmaschine
ist die Ururgroßmutter des Fahrrads.

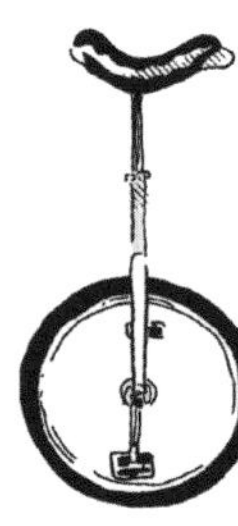

Das Einrad ist kein Fahrrad!

Das Flugrad ist etwas, was das Fahrrad gern wäre.

Das Hochrad ist einer
der Vorgänger
unseres Fahrrads,
es hatte keine Kette.

Das Tandem – ein Fahrrad für zwei!

Das Mixte ist ein super Stadtrad
für alle und jeden.

Mit dem Laufrad fängt alles an.

Die Rikscha ist ein großes Dreirad für mehrere Menschen,
auf dem nur einer die Pedale tritt.

Das Klapprad kann man als Gepäckstück
mit in den Zug nehmen.

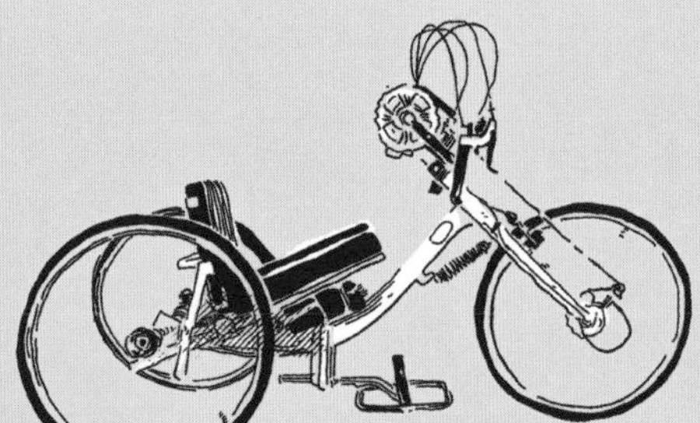

Das Handbike ist ein Fahrrad für alle,
die nicht mit den Füßen treten können (oder wollen).

Das Hollandrad ist ein Klassiker,
auf dem man bequem sitzt.

Das Tallbike ist
ein Aussichtsturm
auf Rädern.

Das ist kein Fahrrad!
Das ist ein Pferd!

Mit dem Tron Bike fahren Avatare
in der virtuellen Fahrradwelt.

FRANK'S
STERLING
BONNEVILLE X-20

WARUM MAN RAD FÄHRT

Es gibt ganz verschiedene Radfahrerinnen und Radfahrer. Manche haben Spaß daran und wählen das Fahrrad, auch wenn sie zu Fuß gehen, mit dem Auto fahren oder mit dem Ballon fliegen könnten. Andere fahren Rad, weil es am schnellsten und bequemsten ist. Dann muss man nicht im vollen Bus durch die Gegend holpern und umgeht außerdem jeden Stau. Das Fahrrad bringt einen von der Haustür genau dort hin, wo man hinmuss. Viele wählen das Fahrrad, wenn sie mal mit Freundinnen und Freunden einen Ausflug machen wollen. Und manche fahren eine Runde, um den Kopf frei zu kriegen und für eine gewisse Zeit nur mit sich zu sein.

Es gibt Leute, die müssen Rad fahren, weil sie zum Beispiel als Kuriere arbeiten und Sendungen in der Stadt zustellen, die schnell ankommen müssen. Außerdem gibt es natürlich welche, für die eine Fahrradfahrt die einzige Möglichkeit ist, weiter wegzukommen als zu Fuß. Zum Beispiel, weil sie sich gerade keine Busfahrkarte leisten können oder weil bei ihnen zu Hause kein Bus oder Zug fährt und sie kein Auto haben.

Es gibt so viele Gründe Fahrrad zu fahren, wie es Wege und Straßen gibt, und einer davon ist auch, dass jemand sich einfach so auf den Weg macht – ganz ohne Grund.

Jacks Bruder Tom ist von Geburt an blind,
zusammen fahren sie supergern
mit dem Tandem in die Natur.

Vlado fuhr aus wie ein Fürst
und schaute sich unterwegs an,
wie die anderen glotzten.

Jan hat im Skatepark Barspins trainiert,
zweimal hat er sich ordentlich hingelegt,
aber sonst war's spitzenmäßig.

Nach 30 Kilometern musste Sarah
aber wirklich eine Pause machen
und auch mal etwas essen.

Das Wasserballteam aus Frankfurt an der Oder fährt zum Freundschaftsspiel gegen das Team aus Brandenburg an der Havel.

Zum Eis essen!

Karla hat ihren Retriever Kotelett zum Tierarzt gefahren.

Amir hat heute 7 Rehe, 2 Füchse, 2 Schlösser, 1 Burg, 1 Hamburger und 1 Cola, 12 Radfahrer, 7 Radfahrerinnen und 20 neue Aussichtspunkte gesehen.

Lena kommt gerade von ihrem Besuch bei Oma
und ist so richtig vollgefressen.

»Ist da oben die Luft nicht zu dünn?«
riefen die Jungs, als Lucie vorbeifuhr.

An dieser wahnsinnigen Kreuzung
steigt Marie auf dem Weg zur Arbeit immer ab
und schiebt lieber ein Stück.

Elena hat hervorragend geschlafen,
gut gefrühstückt und ist dann ihren persönlichen
Rekord über 10 Kilometer gefahren.

Die weite Ferne lockt
Jonathan mit ihrem schönen
und hügeligen Lied.

Matthias wollte durch einen Bach fahren,
aber am Boden war so tiefer Schlamm,
dass er durchwaten musste.

WER DARF FAHRRAD FAHREN?

Für jedes Verkehrsmittel (Auto, Motorrad, Bus, Zug, Traktor, Motorboot, Hubschrauber und so weiter) muss man eine spezielle Schulung machen und eine Prüfung ablegen, erst dann bekommt man den Führerschein oder die Lizenz. Beim Fahrrad ist das nicht der Fall. Jeder, der es kann, darf damit fahren, und das gilt auf der ganzen Welt – mit Ausnahme eines Landes: Nordkorea. Die meisten lernen das Radfahren, noch bevor sie in die erste Klasse kommen. Das Fahrrad ist also für die meisten Menschen das erste richtige Verkehrsmittel, das sie selbst steuern.

WIE FING ALLES AN?

Man sagt, der Mensch erfinde neue Dinge, um sich das Leben zu erleichtern. Manchmal hat man aber auch Ideen, weil man einfach neugierig oder spielfreudig ist. Und manchmal wird eine gute Idee aus der Not geboren, um aus einem Schlamassel herauszukommen. Die Geschichte des Fahrrads begann vor mehr als 200 Jahren mit einer Mischung aus alledem.

DIE KLEINE KLIMAKRISE Im Jahr 1815 ereignete sich einer der verheerendsten Vulkanausbrüche in der Geschichte der Menschheit. Der indonesische Vulkan Tambora spuckte riesige Mengen Gas und Vulkanasche in die Atmosphäre, und die beeinflussten Wetter und Temperatur auf einem Großteil der Welt, vor allem auf der Nordhalbkugel. Es kam zu einer kurzen Klimakrise, die einige Jahre die Temperatur sinken ließ. Im darauffolgenden Jahr schneite es in Europa im Sommer, in Amerika froren sogar Flüsse zu. Darum nennt man 1816 manchmal auch »das Jahr ohne Sommer«. Die Ernten fielen katastrophal aus, und wo es wenig zu ernten gab, traten Hunger und Krankheiten auf. Ein Pferd durchzufüttern, das in jener Zeit das Haupttransportmittel war, war keine leichte Aufgabe.

FAST EIN WELTKRIEG Jene Zeit war außerdem von den Napoleonischen Kriegen geprägt. Sie wüteten in ganz Europa bis 1815. Es wurde in Frankreich, England, Deutschland, Preußen, Österreich, Spanien, Finnland, Schweden, Norwegen und der Türkei gekämpft, und auch auf Gebieten von weiteren Staaten, die damals noch nicht selbstständig waren (zum Beispiel Tschechien und Polen). In den Schlachten starben nicht nur Menschen, sondern auch Tausende Pferde.

DIE WELT IST REIF FÜR VERÄNDERUNG
Bahnbrechende Erfindungen entstehen oft, wenn die Zeit reif für sie ist. Dann verändert sich die Vorstellungskraft der Menschen und die Art, wie sie die Welt und sich selbst verstehen. In jener Zeit wussten die Menschen schon, dass die Erde nicht der Mittelpunkt des Weltraums ist und dass die Sonne nicht um die Erde kreist, sondern umgekehrt. Sie entdeckten Kräfte, die Weltraum und Erde wesentlich beherrschen und begannen, ihnen Namen zu geben, und sie glaubten, dass sie diese Kräfte auch nutzen konnten. Mit dem 19. Jahrhundert begann eine Ära zahlreicher Entdeckungen und Erfindungen. Die Menschen dachten sich verschiedenste Maschinen aus und lernten, die Dampfkraft zu nutzen. Die alte Welt ging zu Ende, eine neue begann. Nicht unbedingt eine bessere, aber eine andere.

EINE ERSTAUNLICHE IDEE
Damals lebte in Deutschland ein Forstbeamter namens Karl Drais. Er war Erfinder und verwendete seine Fantasie, um zu ergründen, wie man die Kommunikation unter Menschen erleichtern könnte, sei es durch den Transport von Gedanken oder den von Menschen. Er konstruierte zum Beispiel eine der ersten Schreibmaschinen und eine Klaviertastatur, die das gespielte Stück direkt in Notenschrift übertrug. Außerdem dachte er sich einen Wagen aus, der ohne Pferde vorwärtskam. Seine berühmteste Erfindung ist aber die Laufmaschine, die man sich wie ein großes Laufrad vorstellen kann.

Dieses neue Gerät war doppelt so schnell wie ein Fußgänger! Drais entdeckte hier ein wesentliches Prinzip des zukünftigen Fahrrads: Wenn eine Maschine auf Rädern in Reihe geradeaus fährt, hält sie das Gleichgewicht. Sie kann sogar Kurven fahren und fällt trotzdem nicht um. Dass wir auf dem Fahrrad das Gleichgewicht halten, ist für uns heute zwar so selbstverständlich wie das Lesen und Schreiben, doch wir verdanken es der genialen Idee dieses Erfinders.

CINCINNATI
BORDEAUX-PARIS-CINCINNATI

DER LANGE WEG ZUM HEUTIGEN FAHRRAD

EINE ZUSAMMENARBEIT ÜBER DIE JAHRHUNDERTE Kaum eine wichtige Erfindung ist das Werk eines einzelnen Menschen. Meistens haben mehrere zur selben Zeit die gleiche Idee, weil die Zeit reif dafür ist. Oft entwickeln mehrere Menschen einen Gedanken gemeinsam weiter, ohne voneinander zu wissen. Zum Beispiel arbeiteten seit dem Beginn des 19. Jahrhunderts ungefähr zwanzig Erfinder gleichzeitig an der Entwicklung der Glühbirne. Erst 1879 ließ sich Thomas Alva Edison die Erfindung patentieren. Er hatte eine bereits bestehende Form der Glühbirne verbessert und schaffte es, seine Version gut zu verkaufen. In einem ganz gewöhnlichen Smartphone stecken heutzutage mehr als 250 000 Patente, also neue Ideen von Menschen und Teams, die in ein einziges Gerät geflossen sind.

Auch das Fahrrad ist das Ergebnis des Zusammenwirkens vieler Menschen, von denen sich die meisten nie getroffen haben. Doch sie waren alle von der gleichen Vision inspiriert: ein Gerät herzustellen, mit dem man schneller ist als zu Fuß und gleichzeitig weniger Kraft aufwenden muss. Es dauerte fast hundert Jahre, bis alle guten Ideen zusammenkamen und das Fahrrad so aussah, wie wir es heute kennen. Karl Drais und sein Laufrad waren nur der Anfang, denn bis zum Fahrrad fehlte noch ein ganzes Stück Weg.

IN DER LUFT SEIN Wie wäre es, wenn man sich nicht mit den Füßen vom Boden abstoßen müsste? Führe man dann nicht noch leichter? Fünf Erfinder experimentierten zeitgleich mit der Idee, das Abstoßen durch Treten zu ersetzen – und alle befestigten Kurbeln mit Pedalen am Vorderrad. Ein solches Fahrrad wurde erstmals im Jahr 1867 bei der Pariser Weltausstellung öffentlich vorgestellt. Es rief durchaus Begeisterung hervor, doch es war nicht gerade bequem und bekam darum den Spitznamen »Knochenschüttler«. Die Pedale waren die erste von einigen wichtigen Neuerungen, und mit ihnen war auch eine höchst bedeutende Veränderung verbunden: Wer in die Pedale tritt, der bewegt sich in der Luft.

Erfinder:
1839: Kirkpatrick Macmillan, Schmied, Irland
1853: Philipp Moritz Fischer, Orgelbauer, Deutschland
1861–1866: Pierre Michaux, Schmied, und sein Sohn Ernest, Frankreich
1862: Pierre Lallement, Stellmacher, Frankreich

LEICHTERE DREHUNGEN Das Rad ist eine uralte Erfindung. Schon vor 6 000 Jahren sollen Menschen im Reich der Sumerer die Vorteile einer Holzscheibe als Rad erkannt haben. Dann dauerte es noch einmal tausend Jahre, bis jemand darauf kam, wie man leichtere und damit schnellere Räder bauen kann: Das Speichenrad wurde erfunden. Es war nicht aus einem Stück, sondern hatte Holzspeichen. Etwa 4 000 Jahre wurde es ohne größere Veränderungen benutzt. Erst in der Zeit der Erfindung des Fahrrads kam die große Innovation: Die schweren Holzspeichen wurden durch Drahtspeichen ersetzt. Niemand hätte gedacht, dass so ein Rad fest genug sein würde. Man probierte es aus – und es funktionierte! Räder mit Drahtspeichen benutzt man bis heute, nicht nur bei Fahrrädern, sondern auch bei Motorrädern und manchen Luxusautos.

Erfinder:
1869: Eugène Meyer, Mechaniker, Frankreich
1870: William Henry James Grout, Ingenieur, Großbritannien
1871: James Starley, Industrieller, Großbritannien

Erfinder:
1876: Harry John Lawson, Rennfahrer und Mechaniker, Großbritannien
1884: Thomas Humber, Ingenieur, Großbritannien
1885: John Kemp Starley, Industrieller, Großbritannien

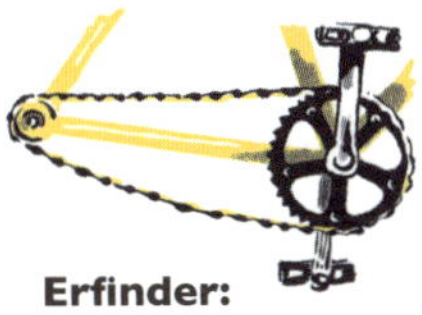

Erfinder:
2. Jahrhundert vor unserer Zeitrechnung: Philon von Byzanz, Physiker und Mathematiker, Ägypten
15. Jahrhundert: Leonardo da Vinci, Künstler, Erfinder und Schriftsteller, Italien
1643: Philip White, Schmied, Großbritannien
1829: André Galle, Medailleur, Frankreich
1880: Hans Renold, Ingenieur und Erfinder, Großbritannien
1898: Friedrich Wilhelm Nevoigt und Wilhelm Friedrich Nevoigt, Industrielle, Deutschland
1982: Ingenieure der Firma Shimano, Japan

EINE FUNKTIONIERENDE FORM Die Idee mit der Kurbel am Vorderrad setzte sich zwar durch, zog aber auch Probleme nach sich. Mit einem Pedaltritt konnte man nur eine kurze Strecke zurücklegen, und es ging ziemlich langsam. Deshalb vergrößerte man das Vorderrad immer weiter, und es entstanden sehr hohe Fahrräder. Hochräder waren elegant, fuhren schön und schnell, aber man konnte leicht vorn über den Lenker stürzen, wenn man es denn überhaupt geschafft hatte, auf so ein Fahrrad aufzusteigen. Erst die Erfindung der Kette, die das Hinterrad mit den Kurbeln verband, ließ ein Fahrrad entstehen, das so aussah wie unsere Fahrräder heute. Bahnbrechend war das Rover Fahrrad von 1885 mit einem rautenförmigen Rahmen – eine Form, die auch viele Diamanten haben. Die meisten Fahrräder auf der Welt ähneln ihm bis heute.

KRAFTÜBERTRAGUNG Die Kraftübertragung über eine Kette war bereits im antiken Griechenland bekannt. Im 19. Jahrhundert wandte man sie aufs Fahrrad an, und dadurch veränderte sich sein Aussehen und die Art, wie man darauf fährt. Die ersten Schaltwerke wurden entwickelt. Von nun an konnte das Treten leichter oder schwerer sein, je nachdem, wie groß oder klein die verwendeten Zahnräder waren. Die ersten Fahrradketten waren klobig, schwer, laut, sie schleiften und rissen … Man musste also die Kettenglieder so entwerfen, dass sie reibungslos auf die Zähne des Kettenblatts passen und Tausende von Umdrehungen überdauern können.

VERSTECKTER HELD Die Räder, die Kurbeln mit den Pedalen und sogar die Vorderradgabeln drehen sich. Ihre reibungslose Bewegung wird durch das Kugellager gewährleistet, das im Inneren des Rahmens oder der Nabe eines Fahrrads verborgen ist und ein bisschen aussieht wie ein Ring mit kleinen Kugeln drin. James Moore gewann das allererste offizielle Fahrradrennen der Welt, das 1869 zwischen Paris und Rouen gefahren wurde, auch deshalb, weil sein Fahrrad Kugellager hatte. Da hatten die anderen Rennfahrer keine Chance.

Erfinder:
1498–1500: Kugellager auf einer Luftschraubenskizze von Leonardo da Vinci, Italien
1794: Philip Vaughan, Schmied, Großbritannien
1869: James Suriray, Fahrradmechaniker, Frankreich
1883: Friedrich Fischer, Ingenieur, Deutschland

SICH DAS LEBEN LEICHT MACHEN Dank der Erfindung des Leerlaufs muss man nicht mehr in die Pedale treten, wenn man bergab fährt. Zunächst rümpften die eingefleischten Rennfahrer die Nase, weil sie dachten, dass das Fahrrad nur unnötig komplizierter würde. Die bequemere und einfachere Nutzung war aber ein Argument. Heute haben alle Fahrräder einen Leerlauf – mit zwei Ausnahmen: Fahrräder auf Radrennbahnen und Fixie-Bikes in der Stadt.

Erfinder:
1869: William van Anden, USA

BERGAB BERGAUF Die Gangschaltung erleichtert das Bergauffahren. Im späten 19. Jahrhundert gab es buchstäblich Hunderte von Erfindern, die versuchten, dieses Problem technisch zu lösen. Profiradfahrer hielten Gangschaltungen lange Zeit für Betrug, weil Erleichterungen nun mal nicht zu einer anstrengenden Sportart passen. Aber auch sie nutzten sie irgendwann: Es war ihnen zu peinlich, bergauf von Amateuren mit Gangschaltung überholt zu werden. Eine Gangschaltung ist ein komplizierter Mechanismus, und sie sieht selbst ein bisschen wie ein winziges Fahrrad aus, denn mit den Schaltwerkrollen hat auch sie zwei Rädchen.

Erfinder:
1894: Charles Linley, Mechaniker, Großbritannien
1905: Paul de Vivie, Schriftsteller, Frankreich
1928: Lucien Juy, Mechaniker, Frankreich
1933 *und* 1949: Tullio Campagnolo, Rennfahrer und Unternehmer, Italien

In der Zeit, in der alles Mögliche rund um das Fahrrad erfunden wurde, war die Gesellschaft noch lange nicht gleichberechtigt und respektvoll. Frauen durften Mitte des 19. Jahrhunderts weder studieren noch wählen. Der Zugang zu vielen Berufen war ihnen zudem verwehrt, in der Regel gestand man ihnen nur die Rolle der Hausfrau und Mutter zu. Sie hatten schlicht nicht die Möglichkeit, an der Erfindung des Fahrrads mitzuwirken und wenn sie es taten, dann ist es heute kaum bekannt. Das 19. Jahrhundert war gleichzeitig eine Zeit großer sozialer Veränderungen, und Frauen kämpften für ihre Rechte. Das Fahrrad ist ein Gefährt, das zur Emanzipation beitrug, denn es vergrößert die Bewegungsfreiheit jener, die imstande sind, darauf zu fahren. Im 19. und 20. Jahrhundert wurde es zum Symbol des Kampfes gegen Unvernunft und Ungerechtigkeit. Und das ist es bis heute.

»Das geht wirklich nicht, das holpert so doll ... und die anderen fahren mir immer davon«, beschwerte sich der neunjährige John, als er aus dem Park zurückkam, wo er mit seinen Freunden gerade ein Dreiradrennen veranstaltet hatte. Man schrieb das Jahr 1887. Die Dreiradräder hatten harte Reifen, wie sie damals auch in Erwachsenenfahrrädern verbaut wurden. Sein Vater John Dunlop Senior, der Tierarzt in Dublin war, fuhr zwar selbst kein Fahrrad, aber was wäre er für ein Vater gewesen, wenn er seinen Sohn damit allein gelassen hätte? Er überlegte, wie er Dreiradräder weicher machen konnte. Dafür blies er einen Gummischlauch auf, wickelte einen festen Stoff drum herum, den man normalerweise für Schiffssegel verwendete, und überzog diesen mit einer Schicht Kautschuk. So konnte John viel bequemer fahren, und sein Dreirad war nun das schnellste von allen. Der aufblasbare Reifen war so gut wie fertig. Nur noch eine Sache musste dazu erfunden werden: ein Ventil, durch das er aufgepumpt werden konnte, und das die Luft möglichst lange nicht entweichen ließ. Und auch diese kleine, aber wichtige Erfindung verdanken wir Papa Dunlop.

Sofort begann man auch im Radsport damit zu experimentieren. Etwa zwei Jahre später kam der Kapitän des Irischen Fahrradklubs in Belfast mit seltsam »aufgerüsteten« Rädern zum Radrennen – er hatte Dunlop-Reifen. Die anderen lachten darüber: »Ist das da eine Bockwurst oder eine Leberwurst auf deinen Rädern? Du fährst ja auf einem Pudding!« Doch das Lachen verging ihnen, als er am Ende das Rennen gewann, obwohl er eine Verletzung hatte und noch nicht wieder ganz fit war. Innerhalb weniger Jahre verschwanden die Räder mit den harten Reifen, und eine ganze Reihe von Firmen stellten nun aufblasbare Gummireifen her. Einige davon gibt es bis heute – nicht nur Dunlop, sondern auch Michelin und Continental.

Ende des 19. Jahrhunderts konnten sich immer mehr Menschen ein Fahrrad leisten. Deshalb gewöhnten sich die Leute daran, dass sie damit fahren konnten wohin und wann sie wollten. Sie erhielten eine Bewegungsfreiheit, die sie sich nicht mehr nehmen lassen wollten. In dieser Zeit kamen auch die ersten Autos auf. Bei deren Herstellung wurde vieles von dem verwendet, was bei der Erfindung des Fahrrads entwickelt worden war. Der Radsport inspirierte ja sogar die Erfinder des Flugzeugs! Die Gebrüder Wright waren hervorragende Fahrradmechaniker und Rennfahrer und wussten ganz genau, wie man mit Gegenwind umgeht. Ihr erster erfolgreicher Flug dauerte zwar nur zwölf Sekunden, trotzdem markierte er den Beginn des Reisens durch die Lüfte.

Autos und Flugzeuge ermöglichen es den Menschen, schneller zu sein und größere Entfernungen zurückzulegen als mit dem Fahrrad. Im Gegensatz zu diesen verbrauchen sie aber sehr viel Energie, und die stammt vor allem aus Erdöl. Die Verbrennung von Benzin oder Diesel belastet die Umwelt mit Abgasen, Staub und Lärm. Von 1900 bis heute wurden ungefähr zwei Milliarden achthundertsiebzehn Millionen neunhundertvierundsechzigtausend Autos gebaut. Würden alle diese Autos hintereinander im Stau stehen, dann wäre die Schlange sehr lange. Ungefähr sechsundsechzigmal länger als die Entfernung zwischen Erde und Mond. Und da sind andere Fahrzeuge mit Verbrennungsmotor noch gar nicht eingerechnet. Wie viel Benzin und Diesel haben all diese Autos verbraucht? Unvorstellbar viel.

Was kann man dagegen tun? Zum Beispiel Fahrradfahren! Ein Mensch auf einem Fahrrad verbrennt kein Öl. Man legt nicht jeden Tag weite Strecken zurück, und für die kurzen reicht ein Fahrrad völlig aus. Und noch etwas hat die Geschichte klar gezeigt: Fahrradfahren macht viel mehr Spaß, als im Auto zu sitzen oder auf den Bus zu warten.

BESTANDTEILE UND KOMPONENTEN

Das Herzstück und gleichzeitig das Rückgrat des Fahrrads ist der Rahmen. Damit es fahren kann, müssen sich einige Teile frei bewegen und drehen können. Einige Teile dürfen es aber nicht, damit das Fahrrad stabil fährt und man es sicher lenken kann.

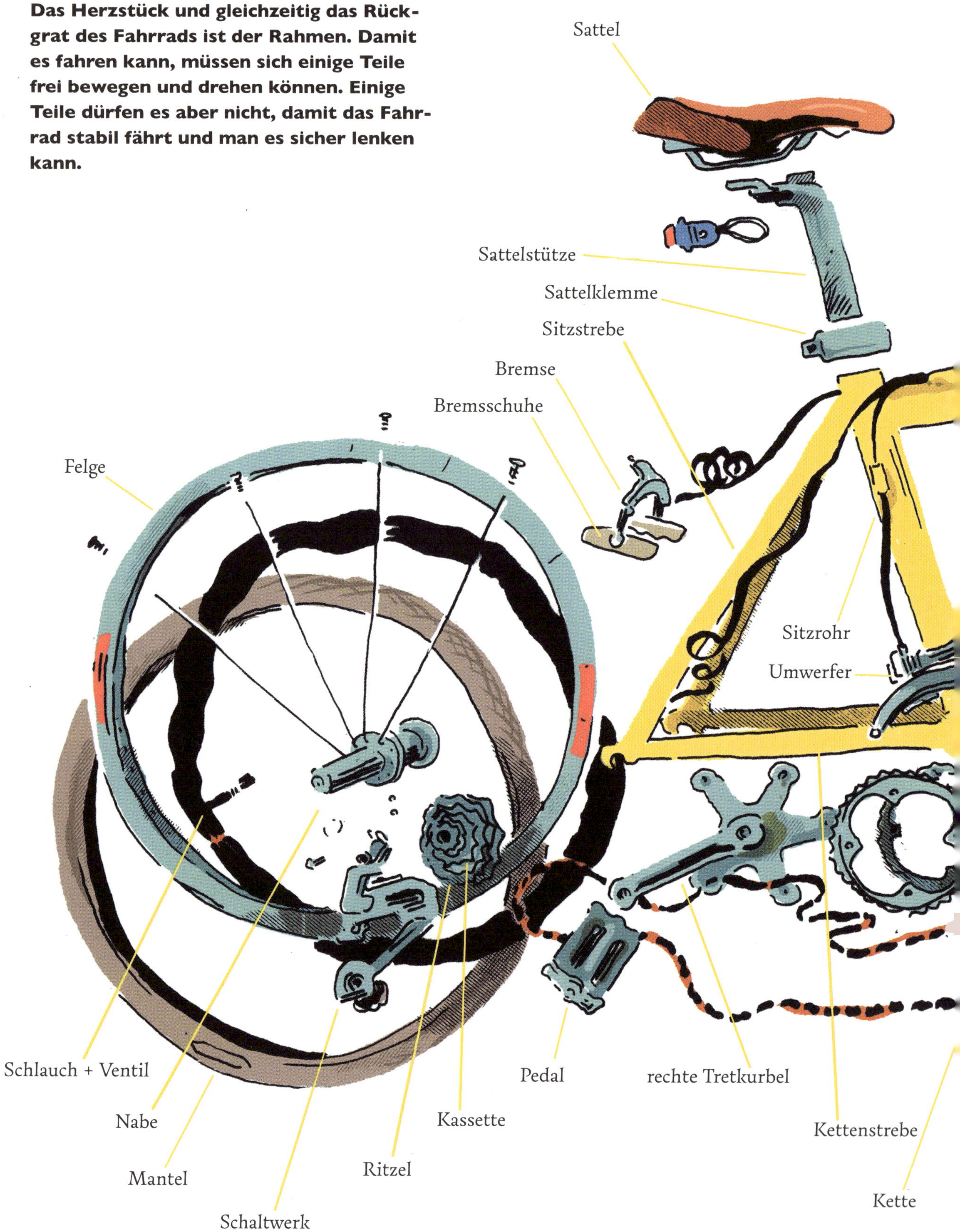

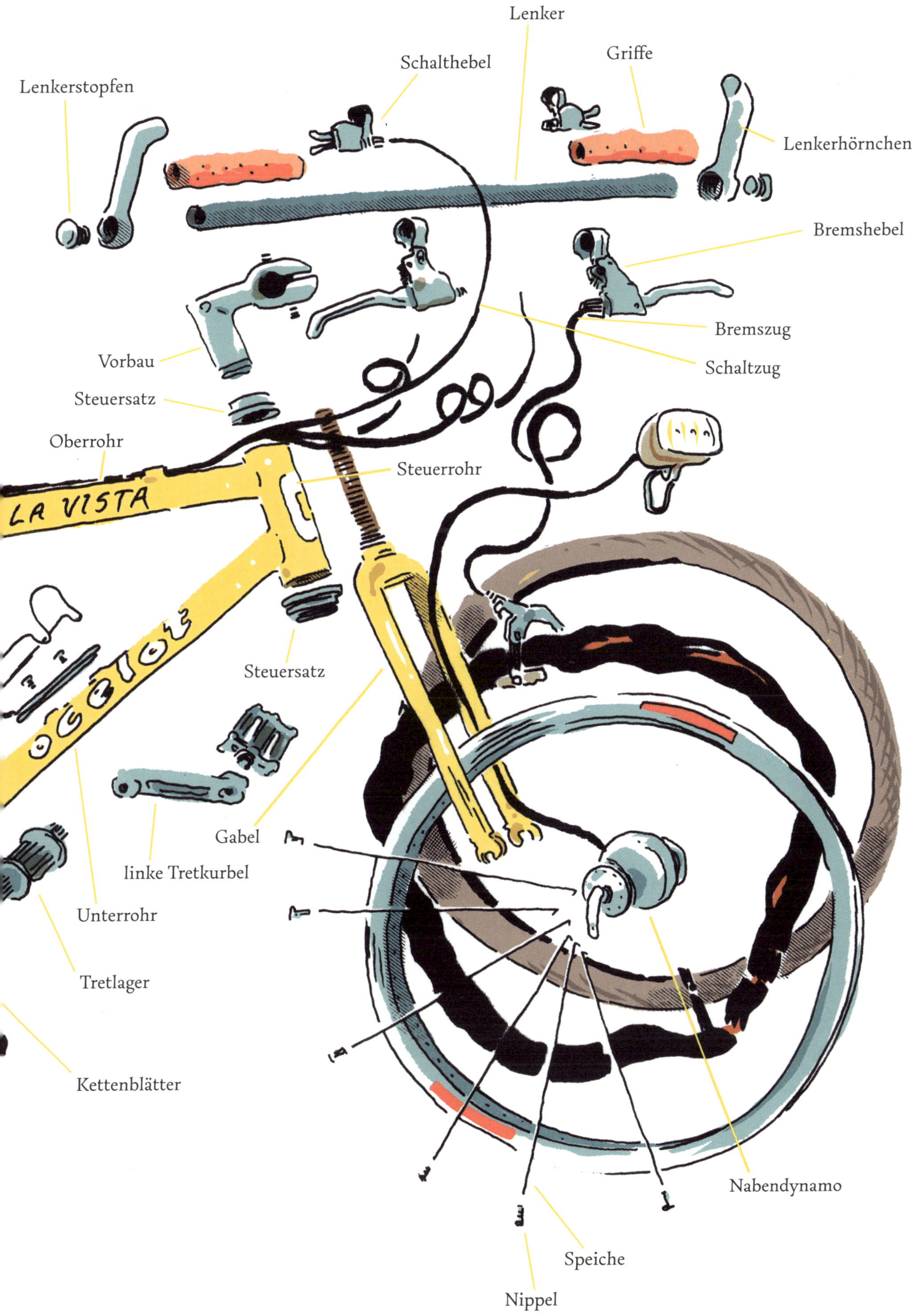
Lenker
Schalthebel
Griffe
Lenkerstopfen
Lenkerhörnchen
Bremshebel
Bremszug
Schaltzug
Vorbau
Steuersatz
Oberrohr
Steuerrohr
LA VISTA
Steuersatz
Gabel
linke Tretkurbel
Unterrohr
Tretlager
Kettenblätter
Nabendynamo
Speiche
Nippel

HÄNDE UND MASCHINEN: WO FAHRRÄDER ENTSTEHEN

FABRIK Eine Fabrik ist eine faszinierende Landschaft und immer in Bewegung. Hier stehen viele Maschinen und Menschen, die sie bedienen. Im Produktionsprozess bekommt das zukünftige Fahrrad auf jeder Station ein Bestandteil dazu, so lange bis es fertig und verpackt ist. Dann reist es im Container zusammen mit vielen anderen in die Läden. Die Herstellung in der Fabrik ist unglaublich schnell und effektiv, allerdings wird hier alles in großen Mengen produziert, und alle Fahrräder einer Serie sind gleich. Die meisten Fahrräder auf der Welt entstehen in Fabriken, und sie sind billiger im Vergleich zu denen, die auf Bestellung in der Werkstatt gebaut werden. So werden sie auch für die erschwinglich, die sich ein maßgeschneidertes Rad nicht leisten können oder für die es sich nicht lohnen würde, weil sie innerhalb eines Jahres so schnell wachsen, dass sie ein größeres Fahrrad brauchen.

Auf der Welt gibt es über 8 Milliarden Menschen und ungefähr 1 Milliarde Fahrräder. Jedes Jahr werden 100 Millionen neue Fahrräder und Elektroräder hergestellt, mehr als die Hälfte davon in China. Die größte Fahrradfabrik steht in Taiwan. Sie gehört dem Hersteller »Giant«, was Riese bedeutet. Einige Fahrräder werden aber auch im kleinen Maßstab hergestellt – in den Werkstätten der Fahrradrahmenbauer und Fahrradmonteurinnen. Jeder Gegenstand hat seine Geschichte. Die Geschichte eines Fahrrads kann ganz unterschiedlich beginnen, je nachdem, ob es in der Fabrik oder in der Werkstatt entstanden ist. Könnte das Fahrrad jedoch unsere Sprache sprechen, dann würde es bestimmt sagen, dass es die wichtigsten Dinge im Leben mit dem Menschen erlebt, der mit ihm fährt.

WERKSTATT Eine Werkstatt sieht manchmal aus wie eine Wunderkammer, in der viele sonderbare Geräte sind und ein verrückter Erfinder … also der Fahrradmonteur. An ihn wenden sich diejenigen, die sich ein Fahrrad bauen lassen wollen, das ein Leben lang halten soll. Auftraggeber und Monteurin führen zunächst ein Gespräch über alles Mögliche und dann über Fahrräder. Sie müssen abstimmen, für welche Abenteuer das zukünftige Fahrrad benutzt werden soll, was es alles können muss und welche Farbe es haben soll. Sie suchen sorgfältig die Teile aus, die an den zukünftigen Rahmen angebaut werden. Diese Teile werden nicht in der Werkstatt, sondern in der Fabrik hergestellt, während die Fahrradrahmen oft nach Maß für die körperlichen Proportionen der Fahrerinnen und Fahrer in der Werkstatt zusammengeschweißt werden. Die Herstellung in der Werkstatt ist meistens langsamer als in der Fabrik, weil ein Fahrrad hier nicht am Fließband gebaut wird, dafür entstehen in der Werkstatt Unikate. Wie ein Kleidungsstück, das man sich in der Schneiderei nähen lässt im Gegensatz zur Kleidung aus dem Geschäft einer Modekette. Beides hat seine Vor- und Nachteile.

ÖKOLOGIE

WENIGER IST MEHR! Jeder Gegenstand hat einen ökologischen Fußabdruck. Was ist das? Alles das zusammengerechnet, was wir aus der Natur nehmen, um etwas herzustellen, zu züchten und zu essen, zu bauen oder zu benutzen. Zurzeit verbrauchen Menschen natürliche Ressourcen so, als hätten sie zwei Planeten Erde. Wie kann ich mich umweltfreundlich verhalten? Eine Antwort lautet: weniger ist mehr. Zum Beispiel kann ich meine Sachen gut pflegen und nicht immer gleich neue kaufen, kein Rindfleisch essen, möglichst wenig Müll verursachen und diesen richtig trennen. Fahrrad fahren und zu Fuß gehen zählt auch! Jeder kann etwas tun. Damit der Umweltschutz gelingt, ist aber auch das Mitwirken derer entscheidend, die Regeln für diesen festlegen oder Rohstoffe ausbeuten. Politikerinnen und Besitzer von großen Firmen, die Rohstoffe aus der Natur abbauen, tragen letztlich die größte Verantwortung. Man muss immer aufpassen, ob sie ihre Macht zugunsten der Allgemeinheit und der Natur nutzen oder nicht.

WANN IST DAS FAHRRAD UMWELTFREUNDLICH? Wenn man mit seinem Fahrrad 700 Kilometer gefahren ist, sind die ökologischen Schulden aus dem Prozess seiner Herstellung beglichen. Das ist gar nicht so viel – wer damit zur Schule oder zur Arbeit fährt, hat das nach ein paar Monaten beisammen. Danach nimmt er oder sie nur noch das aus der Natur, was gebraucht wird, um genug Energie für das Fahren zu haben. Ein Schokoriegel und ein Apfel reichen für mehr als zehn Kilometer, ein Auto mit Benzin käme mit derselben Energie nur einen Kilometer weit. Und weil das Fahrrad keinen Motor hat, verschmutzt es die Umwelt nicht mit Abgasen. Der ökologische Fußabdruck bei der Herstellung eines Fahrrads ist klein, etwa so groß wie bei der Herstellung von drei Jeanshosen oder dreißig Büchern, und sechzigmal kleiner als bei der Herstellung eines durchschnittlichen Autos.

RECYCLING EINES LEBENS Fahrräder halten viel aus. Wenn man sie gut pflegt, können sie ein sehr langes Leben haben. Besonders umweltfreundlich ist es, sich ein gebrauchtes Fahrrad zu besorgen. So wird seine Lebenszeit verlängert, und es wird nicht zu Müll. Der ökologische Fußabdruck von so einem Fahrrad ist gleich null. Denn man muss dafür keine Rohstoffe abbauen und verarbeiten und keine Energie für seine Herstellung aufwenden.

EIN TIER AUF EINEM RAD Der fahrradfahrende Mensch ist eines der effizientesten Tiere in der Natur. Das bedeutet: Er verbraucht sehr wenig Energie, um Wege zurückzulegen. Andere Tiere, die ihre Energie ebenfalls effizient einsetzen, sind gleitende Kondore oder Monarchfalter. Wer Fahrrad fährt, ist sparsamer unterwegs als ein Fußgänger! Wenn ein Weg weiter ist als nur ein paar Kilometer, dann ist es am umweltfreundlichsten, Fahrrad, Beine und öffentliche Verkehrsmittel (am besten den Zug) zu kombinieren.

WORAUS BESTEHT EIN FAHRRAD?

Um ihren Zweck gut zu erfüllen, müssen die Dinge aus den richtigen Materialien hergestellt sein. Zum Beispiel kann man aus Schokolade alles Mögliche herstellen, etwa auch ein Fahrrad. Aber darauf fahren? Das sollte man dann doch besser essen. Weil ein Fahrrad einiges aushalten und gut fahren sollte, wird es aus widerstandsfähigen und leichten Materialien hergestellt.

Die erste Draisine, die Karl Drais baute, war aus Eschenholz. Mit **HOLZ** (**UND MIT BAMBUS**) wird bei der Herstellung der Rahmen bis heute experimentiert. Ein wichtiger Bestandteil von Holz ist das Zellulosefasergewebe. Dadurch ist Holz überraschend fest, leicht und hält einiges aus, wenn es richtig bearbeitet wird. Außerdem wächst Holz nach. Unter den Bambusarten (der kein Holz ist, sondern ein Gras!) gibt es sogar solche, die mehr als einen halben Meter pro Tag wachsen.

Vor 46 Milliarden Jahren.

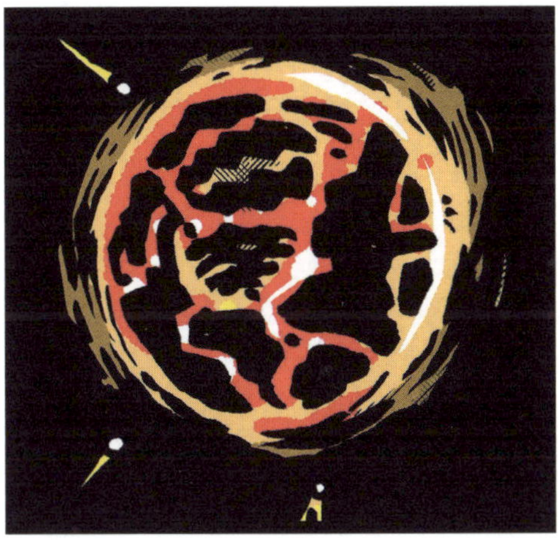

Vor 4,4 Milliarden Jahren.

Vor 4,2 Milliarden Jahren.

Vor 4,15 Milliarden Jahren

LEDER wird traditionell nur zur Herstellung der Sattel verwendet. Ein guter Ledersattel hält ein Leben lang. Heute werden die meisten Sättel jedoch aus Kunstleder, Kunststoff und Schaum oder Gel hergestellt, weil das leichter und billiger ist.

STAHL ist eine Legierung aus Eisen, Kohlenstoff und anderen Elementen. Traditionell wird Stahl zur Herstellung der Rahmen verwendet. Er ist eines der am häufigsten verwendeten Materialien auf der Welt. Man braucht ihn sowohl für den Bau von Wolkenkratzern als auch zur Herstellung von Nadeln. Außerdem lässt er sich gut recyceln. Wenn du an den Fahrradrahmen einen Magneten dranhältst und er haften bleibt, dann weißt du, er ist aus Stahl.

ALUMINIUM ist beständig, leichter und steifer als Stahl. Bis Mitte des 19. Jahrhunderts war es teurer als Gold, heute aber werden jährlich Millionen von Tonnen davon hergestellt. Es wird in einem speziellen Produktionsverfahren mithilfe von Elektrizität aus dem Gestein Bauxit gewonnen. Dem reinen Aluminium werden zur Optimierung seiner Eigenschaften noch weitere Elemente zugesetzt – Magnesium, Eisen, Chrom, Mangan, Zink oder Kupfer. In der Fahrradindustrie wird es vielfältig verwendet: vom Rahmen bis hin zum Schaltwerk.

TITAN ist leichter als Stahl, schwerer als Aluminium, und es rostet nie. Man stellt vor allem Rahmen daraus her, aber weil es sehr kompliziert zu schweißen ist, kommt es nur bei Luxusrädern zum Einsatz. Am wichtigsten ist es in der Medizin, man macht daraus zum Beispiel künstliche Gelenke.

Was an einem Fahrrad nicht aus Metall ist, ist meistens aus **KUNSTSTOFF**: die Hebel und Griffe am Lenker, der Sattel oder die Pedale. Noch viel mehr Kunststoff fällt bei den Dingen an, die mit dem Fahrradfahren verbunden sind: bei Helmen, Flaschen, Sportbrillen, Kleidung usw. Es gibt verschiedene Arten von Kunststoffen. Sie werden aus Erdöl hergestellt, und es dauert sehr lange, bis die Natur sie wieder abbaut. Mikroplastik, also winzige Plastikstückchen, befindet sich heute im Trinkwasser und in der Erde, in den Ozeanen und in Tierkörpern. Wir müssen dringend entscheiden, was wir dagegen tun. Manche Kunststoffe lassen sich durch natürliche Stoffe ersetzen, zum Beispiel durch Maisstärke.

CARBON oder Kohlenstofffasern wurden für die Raumfahrt entwickelt, man verwendet sie in der Formel 1 und beim Flugzeugbau. Sie sind sehr viel fester als Metalle und wiegen zugleich weniger. Die Fasern bilden verschiedene Schichten und gleichzeitig ein starkes Netzwerk. In diesem Punkt sind Kohlenstofffasern ähnlich wie Holz. Jedoch kann der Mensch hier die Verflechtung der Fasern selbst programmieren, und es gibt keine Astlöcher. Anschließend werden die Fasern mit einem speziellen Harz gebacken, damit sie eine feste Form erhalten. Carbon wird vor allem bei der Herstellung von Wettkampfrädern verwendet.

Warum sind die Mäntel von Fahrradreifen elastisch? Sie sind aus **GUMMI**! Sein Geheimnis liegt im Kautschukbaum, aus dem eine klebrige, milchige Flüssigkeit namens Latex gewonnen werden kann. Wenn man die mit verschiedenen Zutaten vermischt und erhitzt, wird daraus Gummi. Der ist schwarz, weil er Ruß enthält. Er haftet gut auf dem Untergrund und rutscht nicht, am Rad kann er Tausende von Kilometern aushalten. Das Wort Kautschuk kommt von dem Wort »kawchu« aus der indigenen südamerikanischen Sprache Quechua. Es bedeutet »weinender Baum«. In der Vergangenheit wurde Latex tatsächlich von Tränen begleitet. Im 19. Jahrhundert wurde der Kautschukbaum auf Plantagen in Amerika, Afrika und Asien unter unmenschlichen Bedingungen in Sklavenarbeit angebaut.

Ein allgegenwärtiger und dennoch kaum merkbarer Bestandteil des Fahrrads ist die **LUFT**. Alle größeren Fahrradteile sind hohl, damit sie möglichst leicht sind. Obwohl die Luft der einzige unsichtbare Bestandteil des Fahrrads ist, ist sie auch einer der wichtigsten. Sie umgibt uns eigentlich immer, aber auf dem Fahrrad können wir sie spüren – man fährt immer ein bisschen gegen den Wind. Das ist der Luftwiderstand (so nennt man das in der Aerodynamik). Sobald eine Fahrradfahrerin doppelt so schnell ist wie eine Fußgängerin, braucht sie für das Verdrängen der Luft mehr Kraft als für alles andere.

Was wird das **MATERIAL DER ZUKUNFT FÜR DAS FAHRRAD** sein? Das wissen wir noch nicht, aber es sollte nachhaltig, formbar, fester als die heutigen Materialien und mindestens genauso leicht sein. Perfekte Eigenschaften haben etwa Spinnenfasern. Die können aber bisher nur von Spinnen zuverlässig hergestellt werden. Vielleicht kann sich irgendwann auch jeder sein Rad am 3D-Drucker zu Hause drucken. Oder es stellt sich heraus, dass man am besten das recycelt, was die Menschheit schon hergestellt hat und was bisher als Abfall gilt. Man kann aber die Zukunft auch sofort in die Hand nehmen. Zum Beispiel, indem man ein altes Fahrrad repariert.

Vor 300 Millionen Jahren.

Vor 150 Millionen Jahren.

2000 Jahre vor unserer Zeitrechnung.

Gestern.

UND WORAUS BESTEHT EINE FAHRRADFAHRT?

Aus meiner Lust und Kraft zu fahren.

Aus der Landschaft, durch die ich fahre.

Und aus dem Untergrund, auf dem ich fahre.

Auch daraus, mit wem oder zu wem ich fahre.

Aus dem Wasser, mit dem mir jemand bereitwillig die Flasche auffüllt, wenn sie leer ist.

Daraus, wem oder was ich unterwegs begegne, was ich sehe, höre, rieche.

Sie besteht aus den Karambolagen, Stürzen, der Wut über einen Platten oder über das Loch in der Straße.

Aus den Snacks, die ich dabeihabe.

Einmal sah ich am Himmel einen Schwarm Wildgänse. Das war so schön, dass ich anhielt und ihn eine Weile anschaute. Und danach fuhr ich, als würde ich mich in die Lüfte schwingen.

Eine Fahrradfahrt besteht aus den Erfahrungen, die ich mache, während ich die Luft verdränge.

IST EIN FAHRRAD EINE ART PFERD?

Ob du auf dem Pferd sitzt oder auf dem Fahrrad, du spürst denselben Wind in den Haaren. Das ist kein Zufall, schließlich sind sich Fahrrad und Pferd sehr ähnlich! Tausende von Jahren lebten Pferde und Menschen gemeinsam. Das Pferd war nicht nur hier auf der Erde ein Gehilfe, es war auch ein mythisches Tier, das den Menschen über die Grenzen dieser Welt hinaus in das nächste Leben begleitete. Das Fahrrad ist zwar nur ein mechanisches Pferd, und du bist es, der ihm das Leben einhaucht, aber wenn du aufsattelst, bringt es dich, wohin du willst und auf dem Weg, den du bestimmst. Ein weises Sprichwort sagt, die Zeit, die man auf dem Sattel eines Pferdes verbringt, wird unserem Leben hinzugegeben. Das gilt wahrscheinlich auch fürs Fahrrad …

SENG MOTOCICLO
大成車行
TAXI

TAXI

EIN ZAUBER NAMENS GLEICHGEWICHT …

Beim Menschen ist es wie beim Velo.
Nur wenn er fährt, kann er bequem die Balance halten …
Albert Einstein, 1930

Zum Fahrradfahren braucht man nicht nur Muskeln. Der Mensch hat noch eine Superkraft, ohne die es nicht gehen würde: Er kann das Gleichgewicht halten. Durch das Gleichgewichtsorgan, das tief im Innenohr sitzt, können wir erkennen, in welche Richtung wir uns bewegen und ob wir bergauf oder bergab unterwegs sind. Das Gehirn ist dafür zuständig, die Informationen des Gleichgewichtsorgans und der Augen zu kombinieren und an die Muskeln und Sehnen zu senden, sodass man nicht hinfällt, wenn man geradeaus fährt, abbiegt, springt, bremst …

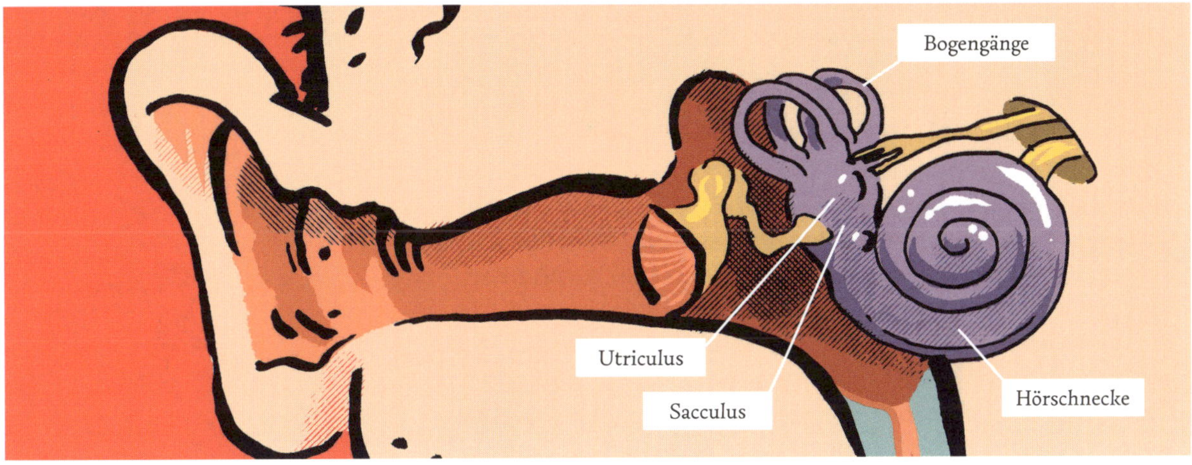

DAS INNENOHR
Hier sitzt die **HÖRSCHNECKE,** die entscheidend für das Erfassen von Tonsignalen ist. Diese werden ans Gehirn gesendet, wodurch wir erst hören können. In der Mitte des Innenohrs sind aber auch **ZWEI SÄCKCHEN,** Utriculus und Sacculus. Sie erfassen Informationen über die Lage des Körpers und darüber, ob wir gerade beschleunigen oder verlangsamen. Der Utriculus ist empfindlicher für die Bewegungen nach vorne und nach hinten, der Sacculus für die nach oben und nach unten. Der **VORDERE,** der **SEITLICHE** und der **HINTERE BOGENGANG** sind mit einer Flüssigkeit gefüllt. Wenn diese in Bewegung gerät, erfassen feine Härchen das und ziehen daraus Informationen über die Position des Kopfes und des Körpers.

AKROBATIK FÜR ALLE Das Gleichgewicht zu halten, ist keine Selbstverständlichkeit, und das erfährt man zum ersten Mal schon, wenn man laufen lernt. Ein paar kleine Schritte … und plumps! Wieder ein paar Schritte und plumps … bis aus dem krabbelnden Baby auf einmal ein Kleinkind wird, ein kleiner gehender Mensch. Mit dem Gleichgewicht zu spielen, macht Spaß, zum Beispiel beim Radschlag oder Handstand, beim Skateboardfahren, auf Inline-Skates oder Skiern. Das Gleichgewicht ist eine Fähigkeit, man kann sie trainieren. Manche Menschen, etwa Sportgymnastinnen oder Akrobaten, beherrschen sie bis zur Perfektion. Andere finden es faszinierend, diesem Spiel zuzusehen, und es verschlägt einem fast den Atem. Eine falsche Bewegung, und ein Unglück passiert! Die Menschen heute finden die Akrobatik genauso spannend wie in uralten Kulturen. Schon vor 4000 Jahren wurden auf Kreta Kunststücke auf rennenden Stieren vorgeführt, auch in China vollführte man zu dieser Zeit schon akrobatische Meisterleistungen. Eine beliebte Zirkusnummer war im 19. Jahrhundert das Fahrradfahren auf einem zwischen Zeltstangen gespannten Seil.

DER GROSSE MOMENT Warum erinnern sich viele Menschen an das erste Mal, als sie allein Fahrrad gefahren sind? Solange die Fahrversuche noch wacklig sind, werden kleine Radlerinnen und Radler von Mama oder Papa gesichert. Und dann kommt der große Moment, wenn die Eltern das Kind loslassen. Es fährt! Ohne Hilfe steuert es zum ersten Mal eine große und ziemlich schwere Maschine dahin, wo es will. Das ist ein Moment großer Freude, gespickt mit einem Hauch von Angst. Das Herz klopft und man fährt mit weit aufgerissenen Augen. Momente, in denen so viele neue Gefühle auftauchen, merken wir uns besser als die, die weniger aufregend sind.

… UND DIE HARTE REALITÄT DES STÜRZENS

Warum fährt jemand, der Radfahren lernt, immer erst mal nur im Zickzack? Er erkundet, wo das Gleichgewicht endet, und das Stürzen beginnt. Wer schon Radfahren kann, hat auch gelernt, nicht hinzufallen. Weil man auf einem Fahrrad ziemlich hoch sitzt und ziemlich schnell sein kann, kann das Runterfallen ganz schön wehtun … Und darum ist es super, einen Helm zu haben. Am allerbesten ist es, das Hinfallen ganz zu vermeiden. Aber wie sieht es aus, wenn das mal nicht klappt?

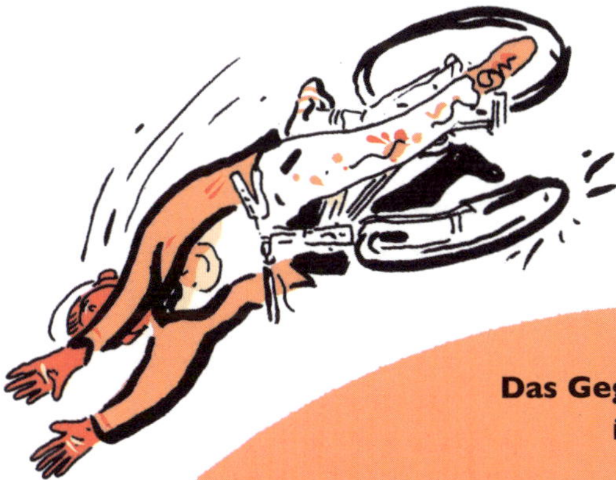

SCHMERZSKALA NACH BODENBESCHAFFENHEIT

1. ASPHALT Fährt sich super, tut aber am meisten weh und verursacht Schürfwunden.

2. WALD- ODER FELDWEG Wenn er voller Steine ist, gehört er in dieselbe Kategorie wie Asphalt. Wenn nicht, schürft man sich nur leicht auf und wird dreckig.

3. SYNTHETISCHER BODENBELAG Gibt es manchmal auf Spielplätzen, federt ein bisschen, aber ein Aufprall macht keine Freude.

4. UNFREUNDLICHE PFLANZEN – BRENNNESSELN Auf einem ordentlichen Brennnesselfeld fällt man nicht hart, aber äußerst kribbelnd.

5. GRAS UND ÄHNLICHES Gras, Himbeerbeete, Büsche ohne Stacheln … Das sind annehmbare Untergründe für einen Purzelbaum.

6. SCHLAMM Schlamm ist eine hervorragende Rutschunterlage, gut geeignet, sich auf die Schnauze zu legen, stecken zu bleiben, abzuschmieren usw. Führend auf der Verschmutzungsskala.

7. WASSER Ein Sturz ins Wasser führt nicht direkt zu Schmerzen, man erschrickt eher. Der Grad der Unannehmlichkeit ist abhängig von der Temperatur des Wassers und der Luft, an der man anschließend trocknet.

8. MOOS UND HERBSTLAUB Vor allem flauschiges Moos im Wald ist eine angenehme Landemöglichkeit, leider ist es meist recht feucht. Ein Haufen Laub ist vielleicht nicht nass, aber es kann sich ein Ast darin verbergen. Vor dem Stürzen am besten sorgfältig untersuchen.

9. HEUHAUFEN Verspricht eine so angenehme Landung, dass er quasi dazu einlädt, mit ihm zusammenzustoßen.

10. FEDERN Sehr müde Radfahrerinnen und Radfahrer wünschen sich, in genau diese endlich hineinzufallen.

KLEIN, GRÖSSER, AM GRÖSSTEN

Bevor ein kleiner Mensch Fahrradfahren kann, muss er erst mal laufen können. Dann kommt das Laufrad an die Reihe, auf dem man lernt, die Balance zu halten. Und dann kommen nur noch die Pedale dazu. So erlebt ein Kind die historische Entwicklung des Fahrrads am eigenen Leib, denn die begann auch mit der Laufmaschine oder Draisine, die erst später zum Fahrrad mit Pedalen wurde. Die Größe eines Fahrrads wird anhand der Größe seiner Räder angegeben. Das kleinste Kinderrad, das 12er, hat Räder mit einem Durchmesser von zwölf Zoll (12"), das sind ungefähr 30 Zentimeter. Das größte Erwachsenenrad ist das 29er. Warum werden so viele unterschiedliche Größen hergestellt? Kinder brauchen immer eine neue Größe, wenn sie wieder gewachsen sind, und Erwachsene können unterschiedliche Fahrräder nehmen, je nachdem, wofür sie sie verwenden: Das 26er eignet sich zum Beispiel als Stadtrad, während das 29er ein perfektes Geländerad ist. Die passende Größe zu wählen ist wichtiger, als man zunächst denken könnte. Auf einem zu kleinen Gefährt sitzt man wie der Affe auf dem Schleifstein, auf einem zu großen kommt man nicht so gut an die Pedale und den Lenker, und das macht dann auch keinen Spaß.

LAUFRAD
Ich bin drei Jahre alt. Wenn ich groß bin, fahre ich mit dem Fahrrad durch die Stadt wie Papa. Und auf Ausflüge in den Wald wie Mama!

12" und 16"
Ich bin viereinhalb, genau einen Meter groß, und im Sommer habe ich gelernt, ein Fahrrad mit Pedalen zu fahren. Es macht mir viel Spaß, über den Verkehrsübungsplatz zu cruisen.

20"
Ich bin sechseinviertel, im Herbst komme ich in die Schule. Jetzt bin ich kein kleines Mädchen mehr und habe endlich ein Fahrrad mit Gangschaltung.

Auch manche Klappräder für Erwachsene haben Räder in den Größen 16", 20" und 24".

24"
Zu Weihnachten habe ich mir ein Handy gewünscht. Schließlich bin ich schon neun! Außerdem habe ich ein neues Fahrrad bekommen. Dieses Jahr war echt gut!

Auch BMX-Fahrräder, mit denen bei Olympia gefahren wird, haben Räder in 20" und 24".

26"
Ich bin dreizehn und wahrscheinlich bald größer als Mama. Es kommt aber schon jetzt manchmal vor, dass ich am Berg auf sie warten muss.

Auch Erwachsenenräder sind oft 26" groß. Räder in der gleichen Größe können an unterschiedlich große Rahmen angebracht werden. Wie bei Kleidungsstücken unterscheidet man bei Rahmen die Größen S, M, L, XL.

28"
Ich bin zweiundzwanzig, studiere und arbeite nebenbei im Buchladen. Ich habe mir ein wunderbares Rennrad gebraucht gekauft. Das benutze ich als Stadtrad. Und mit meinen Freundinnen und Freunden mache ich oft Radtouren.

29"
Ich bin jetzt schon fünf Jahre Mutter, aber von Zeit zu Zeit brauche ich mal eine richtige Auszeit von meinen kleinen Lieblingen. Dann nehme ich das Mountainbike und fahre in den Wald.

26"
Wir sind an den Stadtrand gezogen. Ich arbeite in einem Verlag im Stadtzentrum. Es sind mehrere Kilometer von uns bis zur U-Bahn, das würde zu Fuß lange dauern, aber mit dem Fahrrad bin ich ganz schnell da. Ein Stück nehme ich es in der U-Bahn mit, dann fahre ich auf einem Fahrradweg bis zum Verlag.

20"
Jetzt bin ich schon eine richtige Oma … Was für eine Reise! Opa und ich haben tief in die Tasche gegriffen und uns klappbare E-Bikes gekauft. Die kann man sogar in den Bus mitnehmen, und wir sind mit ihnen nicht allzu viel langsamer als die Enkel.

WAS PASSIERT IM KÖRPER?

Unser Körper ist unser Zuhause, wir bewohnen ihn das ganze Leben lang. Seine Bestandteile sind zwei Arme, zwei Beine, ein Rumpf und ein Kopf, er umfasst 206 Knochen und mehr als 650 Muskeln, die wir betätigen, und 78 verschiedene Organe, es fließen knapp 6 Liter Blut durch ihn hindurch (in einem elfjährigen Menschen etwa zweieinhalb), und er wird vom Gehirn gesteuert, das 86 Milliarden Gehirnzellen hat. Der Körper ist unendlich viel komplizierter als ein Fahrrad. Er agiert immer als Ganzes und ist zu erstaunlichen Dingen imstande. Er ist nicht nur unser Zuhause, sondern auch unser persönliches Universum. Was passiert mit ihm, wenn er Fahrrad fährt?

LUNGE Wenn sich der Körper bewegt, braucht er mehr Sauerstoff, damit die Muskeln besser arbeiten. Er atmet dann schneller und tiefer. Beim Einatmen nimmt er Sauerstoff auf. Beim Ausatmen befreit er sich vom Kohlendioxid. Die Atembewegungen werden durch die Muskeln an den Rippen und dem Zwerchfell ermöglicht. Durch das Fahrradfahren kann man die Lunge stärken, das wird Asthmatikern manchmal empfohlen.

MUSKELN Die Atemmuskulatur muss mehr tun. Auch andere Muskeln müssen mehr leisten, unter anderem das Herz, das das Blut schneller durch den Körper pumpt. Am meisten schuftet die Beinmuskulatur: Gesäßmuskeln, Oberschenkelmuskulatur, Waden- und Schienbeinmuskeln und die Muskeln am Fuß. Beim Sitzen auf dem Rad helfen die Bauch- und Rückenmuskeln, und die Muskeln an der Hand betätigen den Lenker, bremsen, wechseln die Gänge, greifen nach der Trinkflasche oder wischen den Schweiß von der Stirn.

KNOCHEN UND SEHNEN Wenn fast alle Muskeln aktiv sind, ist der ganze Stützapparat des Körpers in Bewegung. Durch die Sehnen wird die Bewegung der Muskeln auf die Knochen übertragen. Wenn sich die Muskeln an- und entspannen, dehnen und lockern sich die Sehnen und bewegen die Knochen. Man kann es sich wie eine Marionette vorstellen, nur dass sie ihre Sehnen außerhalb des Körpers hat.

HAUT Sie ist das größte Organ unseres Körpers. Sie schützt ihn vor äußeren Einflüssen wie Wind und Wasser. Außerdem bewahrt sie ihn durch Schwitzen vor Überhitzung. Mit dem Schweiß werden Abfallstoffe ausgeschieden, aber auch wichtige Mineralien und Elektrolyte. Darum hat man nach einer langen Fahrt oft Lust auf Mineralwasser oder auf etwas sehr Salziges.

VERDAUUNG Fürs Radfahren muss der Körper Energie bereitstellen. Dafür sorgt unser Verdauungssystem: Die Nahrung wird zunächst mit Zähnen und Speichel zerkleinert, dann wandert sie in den Magen, den Dünndarm und den Dickdarm. Auch Leber und Bauchspeicheldrüse helfen bei der Verdauung. Manchmal ist die ganze Energie aufgebraucht, das nennt man den »Hungerast«. Ein nahender Hunger kann sich als schlechte Laune zeigen. Man muss nur rechtzeitig eine Kleinigkeit essen, und schon sind die dunklen Gedanken fort!

WAHRNEHMUNG UND GEHIRN Alles, was wir wahrnehmen, wird vom Gehirn verarbeitet. Durch das Gehirn können wir also sehen, hören, spüren und erleben. Außerdem ist es der Speicher für Erfahrungen. Dadurch können wir vorausahnen, was passieren könnte. Vor einer scharfen Kurve drosselt man das Tempo, weil man nicht weiß, was dahinter kommt. Das Gehirn lenkt alle unsere Tätigkeiten und verwendet dazu die Nerven im ganzen Körper. Es ist so leistungsstark, dass der Körper sogar schneller reagieren kann, als es der Kopf bemerkt, zum Beispiel wenn sich jemand plötzlich bewegt und man ausweichen oder scharf bremsen muss.

SCHRECKLICH, WIE WUNDERBAR!

Eine Fahrradfahrt ist auch eine Abenteuerreise durch unsere Gefühle und Emotionen. Emotionen helfen uns, schnell zu reagieren und uns in der Welt zu orientieren. Wir werden buchstäblich von ihnen bewegt. Bei den Gefühlen geht es dagegen darum, wie wir unsere Emotionen begreifen. Stell dir vor, eine richtig steile Abfahrt liegt vor dir. Du bekommst Angst, dein Herz klopft, dein Magen zieht sich zusammen. Die Angst ist eine Emotion, sie zwingt dich zur Vorsicht und schützt dich. Nach der geglückten Abfahrt taucht eine angenehmere Emotion auf – die Erleichterung. Dein Herz wird langsamer, der Atem beruhigt sich, du lächelst. Erst dann stellt sich ein Gefühl ein: der Stolz darauf, dass du so einen Berg bezwungen hast, dass die Angst überwindbar ist, und dass man sich manchmal auch mutig fürchten kann.

HURRA, ICH HAB'S GESCHAFFT! Wenn dir etwas **FREUDE** macht, schüttet der Körper Glückshormone aus, du hast ein Lächeln auf den Lippen und Energie im Überfluss. Freude spürst du von Kopf bis Fuß, du hast Lust auf alles, was kommt. Ein unbezahlbares Gefühl!

DAS IST WIRKLICH GUT. Wenn sich **ZUFRIEDENHEIT** in dir breitmacht, atmest du tief, dein Körper ist entspannt, die Bewegung macht ihm Spaß. Du summst ein Lied vor dich hin. Alles ist so, wie es sein soll.

OH, DANKESCHÖN!!! Wenn dich **DANKBARKEIT** erfüllt, spürst du Wärme in dir und eine angenehme Entspannung. Die Welt hat dich gern, du weißt es ganz genau, und am liebsten würdest du ihr einen Kuss geben.

PUH, ES IST GUT GEGANGEN! Die **ERLEICHTERUNG** ist so ähnlich, die Muskeln sind nicht mehr angespannt, das Herz reduziert den Puls, du atmest tief ein … und tief aus, als würdest du die Anspannung aus deinem Körper rauspusten.

UI … WAS MAG DAS SEIN … ? Auch die **NEUGIERDE** macht sich im ganzen Körper bemerkbar, deine Aufmerksamkeit steigt, und das Gehirn arbeitet auf Hochtouren. Was dich nun erwartet, wird sich bestimmt lohnen.

WTF?!? Wenn dich etwas **ÜBERRASCHT**, atmest du schnell, deine Pupillen weiten sich, du wirst aufmerksam. Manche lieben Überraschungen, andere nicht. Manchmal lässt dich eine Überraschung geradezu versteinern, manchmal reagierst du im Gegenteil blitzschnell.

ICH KANN NICHT MEHR … Bei **ERSCHÖPFUNG** geht dem Körper die Energie aus, er kann sich nicht aufwärmen. Du hast das Gefühl, dass du es nicht mehr schaffst oder bist nur noch schwach. Dann ist es wichtig, sich auszuruhen und mit Essen und Trinken Energie aufzutanken.

WANN SIND WIR ENDLICH DA?!? GEREIZTHEIT äußert sich als Anspannung, das Herz schlägt schneller, du schwitzt. Du schaust so düster drein, dass allen Angst und Bange wird. Du findest alles blöd … Aber das kann auch ein Hunger sein, der sich verkleidet hat.

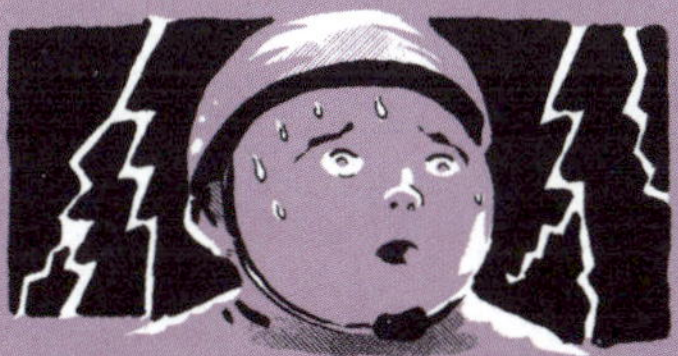

ICH HABE ANGST … Auf **ANGST** reagiert der Körper mit einem schnelleren Puls, geweiteten Pupillen, manchmal mit Zittern. Brust und Magen können sich zusammengequetscht anfühlen. Man sollte nicht um jeden Preis heldenhaft sein. Manchmal ist es an einer unübersichtlichen Kreuzung besser, vom Fahrrad abzusteigen und über den Fußgängerüberweg zu gehen.

VERDAMMTES FAHRRAD! Wenn dich die Wut packt, schlägt dein Herz wild, du würdest gern jemanden beißen und schimpfst. Du findest, alle anderen sind schuld? Wenn die Wut von dir weicht, schämst du dich manchmal. Eine Entschuldigung repariert so manches, und sie bringt dir Erleichterung.

MEGA PEINLICH! Bei der **SCHAM** wirst du rot, sprichst leiser. Habe ich etwas falsch gemacht? Bin ich lächerlich? Auf dem Fahrrad passiert das manchmal, wenn du der Letzte bist, oder wenn du gestürzt bist und es komisch aussah. Aber es hilft, wenn dich die anderen unterstützen.

PFUI, EKELHAFT! Am Reifen klebt ein dicker Klumpen Kacke, der muss irgendwie ab … einfach unappetitlich! Auch **EKEL** ist eine Emotion, die du am Körper bemerkst: Du verziehst das Gesicht und rümpfst die Nase, der Magen dreht sich dir um. Das Gefühl danach? Manchmal ein »nie wieder!«, manchmal auch: »war ja gar nicht so schlimm …«

Welcher Körper eignet sich fürs Radfahren am besten?

JEDER!

NACKTRADELN Diese spaßige und verrückte Veranstaltung gibt es weltweit. Die Teilnehmerinnen und Teilnehmer fahren komplett nackt oder halb nackt, manche sind normal angezogen, manche haben ihre Körper mit bunten Mustern bemalt oder etwas darauf geschrieben. Allerdings geht es den Leuten beim Nacktradeln nicht nur ums Nacktsein. Das ist eigentlich nur dafür da, Aufmerksamkeit zu erregen und auf etwas Wichtiges hinzuweisen. Zum Beispiel darauf, dass die Körper der Menschen ganz verschieden sind und die Schönheitsideale, die uns die Werbung vermittelt, unsinnig. Oder dass die Menschen sehr verletzlich sind, und dass die Orte, an denen sie leben, sicherer sein sollten.

FRAUEN AUFS RAD: FÜR DIE BEWEGUNGSFREIHEIT!

SKANDAL! UNSITTLICH! Im 19. Jahrhundert war die Frauenmode sehr kompliziert. Kleider, deren Röcke bis zum Knöchel reichten, mit Unterröcken oder Reifröcken, die mit Stahl aufgespreizt wurden, und ein Korsett um den Brustkorb. Es dauerte ziemlich lange, bis man angezogen war. Nicht nur die Kleidung war kompliziert, sondern auch die Regeln dazu, was sich gehörte und was nicht. Darf eine Teenagerin allein in den Park gehen? Auf gar keinen Fall! Sie fährt Rad? Ein Skandal! Eine Unsittlichkeit!

Aber auch Mädchen und Frauen wollten die Freiheit genießen, die ihre Männer, Brüder und Väter hatten. Und als die modernen Fahrräder für jedermann zugänglich wurden, wollten auch sie damit fahren. Da musste sich auch die Mode ändern, denn im aufwendigen Kleid und Korsett zu fahren, ist nicht so angenehm. Allerdings brauchte es eine Portion Mut, einen Hosenrock anzuziehen oder sogar eine Hose (was für eine Unverfrorenheit!) und damit Fahrrad zu fahren. Das war nämlich ein Bruch mit den gesellschaftlichen Regeln, die bis dahin selbstverständlich gewesen waren und die den Frauen nicht nur die Bewegungsfreiheit nahmen, sondern auch die Freiheit, über den eigenen Körper und das eigene Leben zu entscheiden.

MUSKELN UND ANDERE KRÄFTE Im 19. Jahrhundert herrschte die Auffassung, Frauen seien zu schwache Geschöpfe für den Sport. Weibliche Körper sind tatsächlich oft weniger muskulös und etwas kleiner. Doch beim Sport geht es nicht nur um Muskeln, sondern auch um Klugheit, Geschicklichkeit, Ausdauer, Entschlossenheit und Taktik. Und darin sind sich alle Sportlerinnen und Sportler ebenbürtig. Lange war Frauen der Zugang zum professionellen Sport verschlossen. Alfonsina Strada, die erste Frau, die 1924 am Giro d'Italia teilnahm, konnte nur starten, weil sie sich als Mann ausgab! Als es herauskam, bekam sie Unterstützung von ihren Fans, die nicht zuließen, dass sie ausgeschlossen wurde. Im April 1896 fanden in Athen die ersten neuzeitlichen Olympischen Spiele statt. Eine Woche später wurde zum ersten Mal die Strecke Paris-Roubaix für das heute berühmteste Eintagesrennen genutzt. Und wann durften Frauen mitmachen? Die ersten Olympischen Spiele, bei der Sportlerinnen dabei waren, fanden 1900 in Paris statt. Allerdings durften Frauen nur in ausgewählten Disziplinen antreten (u.a. Krocket und Golf), und Radsportlerinnen waren erst 1984 bei Olympia dabei. Und das Eintagesrennen Paris-Roubaix? Es fand für Frauen zum ersten Mal 2021 statt, also hundertzwanzig Jahre später!

SATTEL FÜR FRAUEN Frauen können genauso gut auf »Damenrädern« fahren wie auf »Herrenrädern«. Wichtig ist vor allem die richtige Größe. Das Damenrad hat den Vorteil, dass man leichter aufsteigen und mit Rock besser darauf fahren kann. Eine Sache sollte aber bei einem Fahrrad, auf dem eine Frau sitzt, unbedingt anders sein als bei einem für Männer. Und zwar der Sattel, der die weibliche Anatomie berücksichtigen sollte und der eine Vertiefung oder ein Loch hat. Ob er außerdem weich ist oder nicht, das ist nebensächlich (ein weicher Sattel wird bei einer längeren Tour überall anfangen zu drücken!).

SUPERSTAR TILLIE ANDERSON Vor 133 Jahren kam Tillie Anderson aus Schweden nach Chicago. Sie fand Arbeit in einer Schneiderwerkstatt, wo es zu einer schicksalhaften Begegnung kam: Eines Tages kam ein Kunde auf einem Fahrrad. Tillie war total fasziniert (von dem Rad, nicht von dem Kunden!), sparte zwei Jahre und kaufte sich, als sie 18 wurde, ein eigenes Fahrrad. Sie war unglaublich talentiert, fleißig und entschlossen und gewann ein Rennen nach dem anderen. Sie war ein Radsportstar ihrer Zeit! Dabei konnte sie auf ihren Mann Filip zählen, der ihr Supertalent sah, seine eigene Radrennkarriere an den Nagel hängte und sie beim Trainieren unterstützte. Im selben Jahr als Filip an Tuberkulose starb, verbot der amerikanische Fahrradverband die Radrennen für Frauen, und Tillie musste ihre schwindelerregende Karriere mit sechsundzwanzig Jahren beenden.

DIE MUTIGE SAMAR RAHBINI In einigen arabischen Ländern, zum Beispiel in Iran oder Afghanistan, ist das Radfahren bis heute für Frauen verboten, und wenn man es doch macht, drohen schwere Strafen. In anderen Ländern ist es eine Spur freier, etwa in Saudi Arabien, wo Frauen zwar nicht im Straßenverkehr Fahrrad fahren dürfen, aber in dafür vorgesehenen Gebieten. Doch auch da drohen Missbilligung und Unverständnis. Um sich auf ein Fahrrad zu setzen, muss man darum sehr, wirklich sehr, sehr couragiert sein. Das ist Samar Rahbini auf jeden Fall! Sie gründete in der Stadt Dschidda in der Nähe von Mekka den Fahrradclub *Brave Cyclist* für mutige Radfahrerinnen und Radfahrer, der heute mehr als 3 500 Mitglieder hat, am Anfang waren es nur 20 wagemutige Frauen.

WAS SOLL ICH ANZIEHEN?

LAURA VON AURA Auf den heutigen Tag freue ich mich schon lange. Ich treffe mich ganz früh morgens mit Hannah und Lena vor dem Bäcker am Marktplatz. Für alle Fälle nehme ich Fahrradlichter mit, weil wir vielleicht erst in der Abenddämmerung zurückkommen. Ich liebe den Frühherbst. An guten Tagen kann es morgens und abends kalt sein, aber am Nachmittag ist es manchmal sogar warm genug für T-Shirt und kurze Hosen. Darum trage ich Schichten wie eine Zwiebel, die kann ich nach und nach ausziehen und dann wieder anziehen. In der Wettervorhersage steht alles Mögliche, hoffentlich kommen wir nicht in den Regen. Wir fahren zuerst am Fluss entlang, dann biegen wir ab in die hügelige Landschaft und bezwingen den höchsten Berg mit Aussichtspunkt und Imbiss auf dem Gipfel, das ist unser Ziel. Am meisten freue ich mich aber auf die lange asphaltierte Straße durch den Buchenwald. Die goldenen Blätter leuchten in der Herbstsonne immer so und flattern wie Schmetterlinge durch den Wind.

JOHNNY GRILLE Ich fahre fast die ganze Zeit Fahrrad, das gehört zu meinem Stil. Mein Rad hab ich so hergerichtet, dass es zum Ausdruck bringt, wer ich bin. Für mich ist es eigentlich ein fahrbares Schmuckstück. Ich arbeite an verschiedenen Projekten und muss dafür oft an einem Tag viele Leute treffen. Heute fahre ich morgens erst mal ins Café und erledige meine Mails. Dann muss ich ins Studio zum Meeting fürs Theaterfestival und danach noch ins Stadtzentrum zur Grafikerin, die die Plakate und die Bilder für *Social Media* macht. Am Nachmittag fahre ich dann in die Bibliothek und schreibe an meiner Abschlussarbeit weiter, ich bin nämlich noch nicht ganz fertig mit dem Studium. Ja, und am Abend mach ich mich dann auf den Weg zu einem Konzert in einer leerstehenden Fabrik am Stadtrand, und wenn es regnet, wie angekündigt, dann fahre ich eben mit der U-Bahn nach Hause.

FASHION

Wer ernsthaft Fahrrad fährt, der gönnt sich auch echte Fahrradbekleidung. Die ist für Sportradeln und für lange Touren einfach am bequemsten. Und nicht nur das! Radsportlerinnen und Radsportler mögen Farben. Ein absoluter Hit sind bunte Socken! Die einen kleiden sich gerne ihrer Laune entsprechend, die anderen passen ihre Kleidung der Farbe ihres Fahrrads an, wieder andere wollen gerne Werbung auf der Kleidung tragen wie die Profis.

WARUM SIND ROTE RÄDER AM SCHNELLSTEN?
Das sagt man so. Es stimmt aber nur, wenn du Rot gerne magst. Wenn dir dein Fahrrad richtig gut gefällt, dann fährst du umso lieber damit. Und wenn du oft darauf fährst, dann wirst du immer besser, meistens auch schneller. Dann fährt das rote Rad am schnellsten. Und auch das blaue, grüne, gelbe, schwarze, violette, weiße, rosafarbene und so weiter.

KLEIDUNGSREGELN FÜR HARTE JUNGS!
Es gibt in der Welt des Radsports eine Geheimgesellschaft, die Velominati. Gegründet wurde sie von leidenschaftlichen Rennradfahrern, die Regeln aufstellten, wie ein echter Radfahrer angeblich sein sollte: so ein ganz harter Kerl ohne Furcht und Tadel und mit rasierten Beinen! Einige der Grundsätze beziehen sich auch auf die Kleidung: Radlerhosen sind nur in der Farbe Schwarz erlaubt, Socken dürfen jede beliebige Farbe haben, müssen aber zum Trikot passen und dürfen weder zu lang noch zu kurz sein! Und was passiert, wenn man eine der 95 Regeln missachtet? Überhaupt nichts. Das ist alles nur ein Spiel; man kann es zwar ernst nehmen, muss man aber auch nicht.

RAD UND SPORT

Jedes Wettrennen erzählt eine Geschichte und manchmal sogar ein Drama. Wer gewinnt? Wer verliert? Entscheidend sind Leistung und Willensstärke, Klugheit und Taktik, Ausdauer und Entschlossenheit, aber auch die Regeln, die es manchmal erlauben, dass der Zufall mitspielt. Das Training ist zunächst ein

Wettkampf gegen sich selbst. Die Sportlerinnen und Sportler testen ihre Grenzen und versuchen, sich selbst zu übertreffen – und dann erst die anderen. Ein Kräftemessen weckt meist sämtliche Leidenschaften. Gewinnen ist schwer, gut verlieren zu können ist wohl noch schwerer! Freundschaft und Teamgeist treffen zusammen mit dem Willen, die anderen zu besiegen. Sport ist aber kein Duell um alles oder nichts, sondern ein Spiel, bei dem man gegeneinander antritt und sich immer mit Respekt begegnen muss.

DIE PRINZIPIEN DES PELOTONS

Auch der beste Rennfahrer der Welt kommt nicht weit ohne ein hervorragendes Team. Radfahren ist ein Teamsport. Hier gilt: Einer für alle, aber in erster Linie alle für einen. Es ist der Mannschaftskapitän, dem die anderen helfen. Die Helfer nennt man Domestiken. Sie bringen ihm Wasser und Essen, schirmen ihn vom Wind ab, und wenn ein Rivale kommt und ihn überholen will, helfen sie dabei, ihn abzudrängen. Der Kapitän kann so seine Kräfte für die letzten Meter aufsparen. Wenn den Domestiken die Kräfte ausgehen, muss er alleine klarkommen. Der Sieg gehört aber immer dem ganzen Team!

Das **PELOTON** sieht aus wie eine Herde von bunten Pferden, die durch die Landschaft jagen. Es bezeichnet eine Gruppe von Radfahrern, die bei einem Rennen gemeinsam fahren. Wenn eine kleine Gruppe oder eine Einzelperson das Peloton verlässt, spricht man von einem Ausreißer. Manchmal schaffen es Ausreißer, als Erste das Ziel zu erreichen, aber in der Regel beschleunigt das Peloton am Ende enorm und schluckt sie noch vor dem Ziel.

DIE VERSCHIEDENEN TALENTE DER RADRENNFAHRERINNEN UND -FAHRER:

BERGFAHRER, auch genannt Bergziegen, sind leicht, sehnig und ausdauernd, in den Bergen bewegen sie sich wie ein Fisch im Wasser.

SPRINTERINNEN sind richtige Kraftpakete. Bergauf fahren sie nicht so gut, aber auf den letzten paar Hundert Metern eines Rennens kriegen sie eine Geschwindigkeit drauf, von der Bergziegen nur träumen können.

Manche Rennfahrer sind am besten im **ZEITFAHREN**. Das sind kürzere Rennen, bei denen alle einzeln mit Abständen von einigen Minuten losfahren und der Schnellste gewinnt. Mannschaftskapitäne sind oft zugleich gute Einzelzeitfahrer und Bergfahrer.

Dann gibt es noch Rennfahrerinnen und Rennfahrer, die **ALLROUNDER** sind und mit jedem Gelände und jeder Situation umgehen können. Wenn sie Glück haben und das Team ihnen beisteht, gewinnen sie beim Bergfahren und im flachen Land.

DIE TOUR DE FRANCE Die berühmteste Radsportveranstaltung, die immer im Juli von Milliarden Menschen auf der ganzen Welt verfolgt wird, ist die Tour de France. Man könnte sie die Grande Dame der Touren nennen, denn es gibt sie schon seit 1903. Die Radfahrer fahren hier rund 3 500 km in drei Wochen. Wer insgesamt die wenigste Zeit dafür braucht, trägt das gelbe Trikot, der beste Sprinter das grüne und der beste Bergfahrer das weiße mit den roten Punkten. Während der Tour werden Leistungen erbracht, die an die Grenzen des Menschenmöglichen gehen, und es ist ein wahrer Genuss, dieses Rennen und die schöne französische Landschaft dazu im Fernsehen anzuschauen. Es gibt noch zwei weitere ähnlich lange Rennen: den Giro d'Italia und die Vuelta a España. Auf diesen sogenannten Grand Tours erleben die Sportlerinnen so ziemlich alles – Flachland, Hügel und Berge, Hitze, Regen und manchmal Schneestürme, wenn sie über die Zweieinhalbtausender der Alpen und Pyrenäen kraxeln müssen.

EDDY MERCKX Weil die Landschaft, durch die das Rennen führt, jedes Mal eine andere ist, ist es für den Sieg auch entscheidend, ob dem Sportler die Strecke liegt. Sportler, denen einfach alles liegt, gibt es nicht oft. So einer war der Belgier Eddy Merckx, der beste Sprinter, Bergfahrer und Zeitfahrer seiner Zeit – und der beste Radrennfahrer der Geschichte. Er nahm insgesamt an 1582 Rennen teil und gewann beinahe jedes dritte. Im Jahr 1968 fuhr er zum ersten Mal den Giro d'Italia und gewann sofort. Als er ein Jahr später zum ersten Mal die Tour de France fuhr, gewann er auch. Bei beiden Rennen triumphierte er weitere viermal. Wegen seines Siegeshungers wurde er auch der *Kannibale* genannt.

BETRUG! Die Kehrseite der außergewöhnlichen Leistungen im Sport ist das Doping. Der Wunsch, am besten zu sein, kann so groß werden, dass Sportlerinnen und Sportler betrügen und verbotene Substanzen zu sich nehmen, die ihre Leistung steigern. Auf das Konto des Radrennsports gehen leider eine ganze Reihe von Dopingskandalen. Ein früher mal berühmter US-amerikanischer Radrennfahrer dopte sich besonders ausgeklügelt, indem er nicht nur unerlaubte Mittel zur Steigerung der Ausdauer einnahm, sondern sich vor den Rennen auch noch manipulierte Blutkonserven spritzen ließ. Über Jahre konnte er es erfolgreich verbergen und gewann siebenmal die Tour de France. Doch auch auf dem Fahrrad haben Lügen kurze Beine, und schließlich kam alles ans Licht. Er verlor alle seine Titel und durfte fortan keine Rennen mehr fahren. Der Gemeinte hatte den ganzen Radsport in Verruf gebracht und alle angelogen, weswegen sein Name unter Radsportlern nicht mehr ausgesprochen wird.

SCHLAMM LIEBEN!

Cyclocross-Rennen finden meist im Herbst oder Winter statt, Hauptsache bei jedem Wetter, bei Frost und bei Regen. Die Radlerinnen und Radler fahren einen speziellen Hindernisparcours, manchmal über Schnee, Lehm und Sand, darum haben sie Crossreifen auf den Rädern. Wenn ein Abschnitt nicht befahrbar ist, nimmt man sein Rad auf die Schulter und rennt zu Fuß. Wer Cyclocross fahren will, darf sich nicht vor Stürzen fürchten, muss ein höllisches Tempo halten können, und was am wichtigsten ist: Er oder sie muss Schlamm lieben! Nach dem Rennen sind die Radlerinnen und Radler oft von Kopf bis Fuß damit bedeckt.

ZEHNTEL- UND HUNDERTSTELSEKUNDEN …

In Velodromen, den Tempeln des Rennradsports, fährt man immer im Kreis gegen den Uhrzeigersinn – die Radfahrerinnen und Radfahrer fahren ein Rennen gegen die Uhr. Bei den Wettkämpfen sind oft Hundertstelsekunden entscheidend. Der Abstand zwischen Sieger und Verlierer kann kürzer sein als ein Augenzwinkern oder der Flügelschlag eines Kolibris.

Das Herzstück des Velodroms ist eine ovale Bahn. Die Kurven sind so steil, dass man kaum aufsteigen kann. Man fährt darauf mit Fahrrädern ohne Bremsen und nur mit einem einzigen Gang. Das Bahnrad zerschneidet die Luft wie eine Rasierklinge. Alles ist auf Geschwindigkeit ausgelegt: aerodynamische Räder, Lenker, Helme und sogar spezielle Einteiler und Beinlinge über den Schuhen und Knöcheln … Dadurch werden beim Umrunden des Ovals Geschwindigkeiten von mehr als 80 km/h erreicht. Pures Adrenalin … Es gibt Einzel- und Gruppenrennen, Sprints, außerdem Verfolgungsrennen und Ausscheidungsrennen, bei denen in jeder Runde der Langsamste ausscheidet. Eine traditionelle Disziplin ist der Stundenrekord. Im Jahr 1873 fuhr der US-Amerikaner James Moore in einer Stunde 23 Kilometer und 331 Meter. In der Zeit, in der dieses Buch erscheint, ist die Rekordstrecke fast doppelt so lang. Den Rekord, 56 Kilometer und 792 Meter, hält seit 2022 der Italiener Filippo Ganna. Für die Frauen hält den Rekord die italienische Mathematikerin Vittoria Bussi. Als erste Frau übertraf sie 2023 die 50-Kilometer-Marke um 267 Meter.

WIE AUF PFERDE WETTEN Beim Keirin, einer Bahnrad-Disziplin aus Japan, gibt es die besondere Tradition, dass wie beim Pferderennen Geld auf den Sieger gewettet wird. Die Sportlerinnen und Sportler werden in einer speziellen Schule ausgebildet, in der strenge Regeln gelten. Vor dem Rennen dürfen sie vier Tage lang das Areal des Velodroms nicht verlassen, haben weder Handy noch Internet. Direkt vor dem Rennen meditieren sie oder streuen rituell eine Prise Salz aus, um böse Geister abzuwehren. Während des Rennens dürfen sie nicht ins Publikum schauen. Nach dem Rennen verlassen sie die Rennbahn sofort, und der Sieger verteilt kleine Geschenke an die Konkurrenten, als Dankeschön und zum Zeichen des Respekts.

MASSGESCHNEIDERTE FAHRRÄDER

Als die Olympischen Spiele 1984 in New York stattfanden, gab es nicht nur erstmals Frauen in einem Radsportwettbewerb, auch bei den Paralympics wurde der Radsport eingeführt. Im Pararadsport fahren Menschen mit körperlichen Behinderungen Wettkämpfe auf der Straße und auf der Radrennbahn. Die Fahrräder sind immer für die Radlerinnen und Radler maßgeschneidert.

Sportlerinnen und Sportler mit Seheinschränkung fahren auf einem Tandem, das von demjenigen gelenkt wird, der sehen kann.

Auch diejenigen, die das Gleichgewicht nicht halten können, fahren Radrennen – sie verwenden spezielle Renndreiräder.

Menschen mit gelähmten Beinen oder ohne Beine können mit einem Handbike fahren, auf dem die Tretkurbeln mit den Händen angetrieben werden.

Ein modifizierter Lenker hilft der Sportlerin mit Behinderung an der Hand, und eine spezielle Prothese unterstützt den Sportler, der einen Teil seiner Beine verloren hat.

WILLE UND LEBENSFREUDE DES JIŘÍ JEŽEK

Jiří Ježek ist einer der erfolgreichsten Pararadsportler. Als Elfjähriger schon liebte er Sport, am liebsten spielte er Fußball. Eines Tages im März wollte er zu seinen Freunden in einen Park neben einer großen Straße, und da geschah es: Er wurde von einem Lastwagen angefahren. Die Ärzte mussten sein Bein unterhalb des Knies amputieren. Dank seiner riesigen Lebensfreude erholte er sich von der schweren Verletzung an Körper und Seele. Als Sportler wollte er nicht aufgeben, und mit seinem unbeugsamen Willen lernte er bald wieder zu laufen – schon im September ging er wieder ohne Krücken zur Schule! Es dauerte nicht lange und er stellte fest, dass er Fahrrad fahren konnte und mit seiner Prothese ziemlich schnell war, und es machte ihm richtig Spaß. Als er im Jahr 2000 zum ersten Mal an den Paralympics teilnahm, gewann er sofort zwei Goldmedaillen. Er wurde sechsmal Weltmeister, gewann noch viermal bei den Paralympics und bekam viermal Silber. Bis heute betreibt er Sport und ist Moderator der Sportnachrichten im Fernsehen.

ÜBER STOCK UND STEIN

Es fing mit zwei amerikanischen Bergen an: dem Mount Tamalpais in Kalifornien und dem Pearl Mountain in Colorado. Und zwei Gruppen von Jungs, die am Fuß dieser Berge aufwuchsen, wilde Abfahrten liebten und sich zu diesem Zweck die ersten Mountainbikes bauten, kurz MTB. So entstand vor einem halben Jahrhundert das Mountainbiking. Der Unterschied zwischen den ersten MTB, die aus alten Stadträdern zusammengebastelt waren, und den heutigen gefederten Rennraketen ist enorm. Aber die Lust daran, sich im Freien auszutoben, ist immer noch dieselbe.

Schmale Reifen sind fürs Gelände unpraktisch, darum braucht ein Mountainbike ordentlich Luft in den Schläuchen.

Es gibt unterschiedliche MTB je nach Schwierigkeitsgrad der Strecke, für die sie bestimmt sind: Manche sind ideal für Waldwege, für Downhill braucht man vollgefederte Räder. Auch die Schutzkleidung ist jeweils angepasst – manchmal genügt ein gewöhnlicher Helm, anderswo braucht man einen, der einem Motorradhelm ähnelt, und Downhill-Brillen, Ellbogen-, Schienbein- und Knieschoner sowie Hüft- und Rückenprotektoren. Während ein Rennradfahrer an der Wade meist einen Kettenfettabdruck hat, haben Mountainbiker an Wade und Schienbein Schrammen von den Pedalen.

Jeans, Wanderschuhe, Hemd und lederne Gartenhandschuhe … das hatten die ersten Biker an.

DIE SCHNELLSTE FRAU DER WELT Die erfolgreichste Sportlerin in der Geschichte des Mountainbiking ist Anne-Caroline Chausson. Sie wurde 1977 in Dijon in Frankreich geboren. Als Kind begann sie BMX zu fahren und wollte genauso gut sein wie ihre älteren Brüder. Bald überholte sie sie allesamt … und alle Profis der Welt! Ihre Leidenschaft ist die Abfahrt, das Downhill. Sie ist dreizehnmalige Weltmeisterin. Außerdem gewann sie dreimal die BMX-Weltmeisterschaft und einmal bei Olympia. Bei den Meisterschaften 2015 ging es ihr plötzlich schlecht, und die Ärzte stellten eine Krebserkrankung fest. Mit dieser wurde sie zum Glück ebenso gut fertig wie mit anspruchsvollen Strecken – und sie fährt immer noch Wettkämpfe.

EPISCHE LANDSCHAFT Eines der schönsten Mountainbike-Rennen findet in Südafrika statt. Es heißt Cape Epic. Hier werden in acht Tagen mehr als 700 Kilometer gefahren und über 15 000 Höhenmeter überwunden. Es treten immer Zweierteams an: Männer, Frauen oder gemischte Paare. Ein Team unterstützt sich über den gesamten Zeitraum und bleibt zusammen. Die führenden Sportlerinnen tragen ein oranges Trikot, die Sportler ein gelbes. Manchmal nennt man dieses Rennen auch die Tour de France des Mountainbike. Die Fahrer werden von einem Kamerateam durch das Gelände begleitet, die ihre Kameras an den Körpern befestigt haben. Obwohl sie E-Bikes verwenden, ist es eine Knochenarbeit, die besten Biker für eine Live-Übertragung einzufangen.

TANZEN AUF DEM RAD Beim Kunstradfahren wird der Radsport mit Gymnastik und Akrobatik kombiniert. Kunstradfahrerinnen und Kunstradfahrer vollführen auf speziellen Fahrrädern Kunststücke: Handstände, Grätschen, komplizierte Drehungen und Pirouetten. Es gibt Einzelwettkämpfe, aber auch Zweier-, Vierer- oder Sechser-Kunstradfahren. Die Leistung wird nach Schwierigkeitsgrad und Ausführung bewertet, ähnlich wie beim Eiskunstlauf. Fürs Kunstradfahren braucht man nicht nur eine unglaubliche körperliche Fitness, sondern auch Anmut und tänzerische Eleganz. Es geht darum, eine anspruchsvolle Übung so auszuführen, dass sie ganz mühelos aussieht. Für die schwierigsten Tricks, etwa während der Fahrt im Stehen vom Sattel auf den Lenker zu springen (den sogenannten Maute-Sprung), trainiert man durchaus auch mal zehn Jahre! Die kunstradfahrerischste Nation der Welt sind die Deutschen – ihre Sportlerinnen und Sportler gewannen bei Weltmeisterschaften schon 446 Medaillen, fast die Hälfte davon Gold.

RADBALL ist eine Art Fußball auf Rädern, bei dem man mit dem Vorderrad schießt. Meistens spielen zwei gegen zwei mit einem Ball, der mit Reh- oder Rosshaar gefüllt ist. Während des Spiels darf man den Boden nicht berühren. Wenn es doch passiert, muss der Spieler einmal über die Torlinie fahren, erst dann darf er weiterspielen. Zu den berühmtesten Spielern gehören die Brüder Jindřich und Jan Pospíšil aus Brno, die zwanzigmal Weltmeister wurden. Radball wurde Ende des 19. Jahrhunderts in den USA vom Kunstradfahrer Nick Kaufmann erfunden. Eines Tages landete ein Mops genau vor seinem Vorderrad, er stieß das Hündchen elegant durch einen Vorderradschwung weg … und die Idee zum Radball war geboren.

BIKE-POLO ist so ähnlich wie Pferdepolo, das ist eine Art Hockey auf Pferden. Als Hockeyschläger benutzt man einen speziellen Hammer, den man kaufen oder aus einem Plastikrohr und einem alten Skistock herstellen kann. Wer mit dem Fuß auf den Boden kommt, muss schnell an den Spielfeldrand auf Höhe der Mittellinie fahren und mit dem Hammer auf einen Gong (oder einen alten Topf) schlagen, dann kann er weiterspielen. Bike-Polo entstand im 19. Jahrhundert, knüpft aber an die zweitausendjährige Tradition des Polo auf Pferden an. Es ist keine offizielle Sportart im Weltradsportverband UCI und keine olympische Disziplin. Verbreitet ist es unter Fahrradkurieren und Fahrradfans in Vorstädten, es ist aber auch bei Adeligen beliebt. Ein begeisterter Biko-Polo Spieler war zum Beispiel Prinz Philip, Herzog von Edinburgh.

MEHR IN DER LUFT ALS AUF DEM BODEN
Du hättest gern ein Motorrad, hast aber noch keinen Führerschein? Macht nichts, du bekommst ein Fahrrad! Ungefähr so begann vor sechzig Jahren die Geschichte des BMX. Ob das eine Enttäuschung war? Keineswegs! Eine Motocrossstrecke voller Sprünge und steiler Kurven eignet sich auch fürs Fahrrad richtig gut! BMX-Räder sind außerdem super für Tricks, und so tauchten sie bald auch in Skateparks auf – der BMX-Freestyle entstand. Wer es noch nicht so gut kann, ist mehr auf dem Boden als auf dem Rad, wer es kann, ist mehr in der Luft als auf dem Boden. Zum BMX gehören lautes Anfeuern, Base Caps und Hip-Hop. Und wie in jeder Sportart sowohl Freundschaft als auch Rivalität. Gefahren wird nicht nur in Skateparks, man trifft BMX-Gangs auch beim Trainieren auf Geländern, Treppen, Betonblumenkästen in der Fußgängerzone oder an den schrägen Wänden am Rand von Unterführungen. BMX ist eine olympische Disziplin, aber am besten ist es eigentlich dafür geeignet, die ganze Stadt in einen Spielplatz zu verwandeln.

WETT- UND SPASS-RENNEN

Außer den offiziellen Disziplinen gibt es viele Wettkämpfe, bei denen es nicht so sehr ums Gewinnen geht, sondern darum, gemeinsam Spaß zu haben. Es gibt zum Beispiel »Rennen« im langsamsten Fahren, im Gleichgewichthalten, im Bergauffahren, im Abfahren eines verschneiten Hangs, es gibt sogar eine Meisterschaft für kleine Stöpsel auf Laufrädern. Welche verrückten Meisterschaften, Wettkämpfe und Rennen werden auf der Welt abgehalten?

DIE NIEDERLÄNDISCHE MEISTERSCHAFT IM GEGENWINDRADELN Sie findet an der Nordsee auf dem Damm des Oosterschelde-Sperrwerks statt, das für den Schutz vor Sturmfluten da ist. Termin und Bedingungen werden vom Wetter diktiert. Das Rennen wird angekündigt, sobald die Wettervorhersage Wind von 50 Kilometern pro Stunde oder mehr voraussagt. Die Strecke ist 8,5 Kilometer lang, und man fährt ohne Gangschaltung. Das ist anstrengend und macht Spaß, und man hat eigentlich schon gewonnen, wenn man überhaupt nur am Ziel ankommt.

DIE WELTMEISTERSCHAFTEN IM MOUNTAIN BIKE SCHNORCHELN
Dieses Rennen fand traditionell im Moorgebiet nahe Llanwrtyd Wells statt, das ist eine der kleinsten Städte Großbritanniens. Man fährt dabei durch einen etwa 1,8 Meter tiefen und 40 Meter langen Graben voller Schlamm und trübem Wasser. Die meiste Zeit hat man den Kopf unter Wasser, darum braucht man eine Taucherbrille und einen Schnorchel. Aktuell findet der Wettkampf leider nicht mehr statt, aber im benachbarten Graben wird eine ähnliche Meisterschaft im Schwimmen ausgetragen.

ALLEYCAT Durch den Großstadtdschungel fahren, als wäre es ein Wettrennen und als ginge es um Leben und Tod … das ist Alleycat. Da es ein geheimes Rennen ist, erfahren die Teilnehmerinnen und Teilnehmer den Streckenverlauf erst kurz vor dem Start, oder genauer gesagt sie bekommen eine Liste von Kontrollpunkten, die sie abfahren müssen. Um erfolgreich ans Ziel zu kommen, muss man sein ganzes Wissen über die Stadt nutzen, jede Abkürzung, Überführung und Unterführung. Man muss sich zwischen Autos hindurchzwängen, Fußgängern ausweichen, es ist eine schnelle und wilde Fahrt. Und weil man auf Rädern mit nur einem Gang und ohne Bremsen fährt, ist es das wahrscheinlich gefährlichste und punkigste Wettrennen überhaupt. Am bekanntesten ist das Monstertrack in New York, aber es gibt auf der ganzen Welt in kleinen und großen Städten Enthusiasten, die diese durchgeknallten Wettrennen veranstalten, von São Paulo über Kapstadt, Berlin und St. Petersburg bis hin zu Tokio.

WETTRENNEN IM (NICHT) INS-WASSER-FALLEN Für diesen Wettkampf braucht man nicht viel mehr als ein Gewässer und einen ganz schmalen Steg darüber. Wer das Gleichgewicht nicht hält, verliert. Zu diesem klamaukigen Ereignis kommt man meist lokal in der Nachbarschaft zusammen. Es findet an allen möglichen Orten statt: im Dorf Lan Vuong in Vietnam, in Bischdorf und Ossak in Deutschland, im Dorf Blažkov in Tschechien, in Breckenbidge in Colorado oder in Rajapani in Nepal.

DURCH DIE LANDSCHAFT

Es gibt wilde Landschaften, abgelegene und fremde, aber auch nahe, gemütliche und altbekannte Landschaften, Naturlandschaften, weit weg von den Menschen, bewohnte und Nutzlandschaften. Auch die Stadt ist eine Landschaft. Egal, wie weit wir mit dem Rad wegfahren, unsere Fahrt endet mit der Rückkehr. Denn das Zuhause ist der Ort, den wir verlassen, um wieder zurückkommen zu können. Mit neuen Gefühlen und Erlebnissen, erfrischt und ein bisschen neu. Wenn wir in einer Landschaft sind, ist die Landschaft auch in uns. Und das Fahrrad kann ein Mittel sein, sie zu erfahren.

MIKE'S
PIZ

WAS IST EIN AUSFLUG?

Neben den alltäglichen Wegen zur Schule, zur Arbeit, zur Musikschule gibt es die außergewöhnlichen Wege. Wann ist ein Weg ein Ausflug? Wenn wir den Weg nicht als Hindernis vor dem Erreichen des Ziels betrachten und »endlich da sein« wollen. Und wenn das Ziel etwas Besonderes ist – eine unbekannte Stadt, ein Nationalpark oder eine alte Burg. Wenn wir neugierig sind, was wir wohl sehen und erleben werden. Beim Ausflug legen wir den Weg mit offenen Augen zurück, anders gesagt: Ein Ausflug ist es immer dann, wenn der Weg das Ziel ist.

WIE MISST MAN EINEN AUSFLUG? Ein Ausflug kann nur einen halben Tag oder sogar mehrere Tage lang sein. Wenn man es übertreibt, wird aus dem Ausflug eine ganze Reise oder Expedition. Oft misst man eine Fahrt in Kilometern und überwundenen Höhenmetern (das ist die Gesamtheit der Meter, die man bergauf fahren musste). Wenn du zehn Kilometer am Fluss entlangfährst, ist der Weg ziemlich eben und dauert nicht lange. Etwas ganz anderes ist es, wenn du in zehn Kilometern zwei atemberaubende Gipfel erklimmen musst. Das kann den halben Nachmittag lang dauern, und wenn die Berge sehr steil sind, hängt dir bald die Zunge bis zum Bauch. Man kann einen Ausflug aber auch anders messen …

ZUM BEISPIEL DARAN, WIE VIELE NEUE HORIZONTE MAN GESEHEN HAT.

DER EINE-KUGEL-AUSFLUG Das Ziel war schnell entschieden. In einer nahe gelegenen Kleinstadt gab es gerade Himbeereis im Angebot. Nach knapp zwei Stunden sind wir schon wieder zurück. Wir haben es gerade noch geschafft, dem Gewitter zu entkommen.

DER ZWEI-KUGELN-AUSFLUG Auf dem zweiten Hügel, der uns ganz schön zu schaffen gemacht hat, war ein kleiner Stand mit Würstchen, Limo und Bier. Da legten wir ein Päuschen ein. Als wir in die Stadt kamen, die unser eigentliches Ziel war, entdeckten wir auf dem Marktplatz eine hervorragende Konditorei.

DER DREI-KUGELN-AUSFLUG Heute war es schrecklich heiß, wir haben bestimmt hundert Liter Wasser getrunken. Am angenehmsten war das Fahren im Wald, da war es schattig. Am frühen Abend kamen wir bei einer super Badestelle am Steinbruch an.

DER VIER-KUGELN-AUSFLUG Wir sind ein Stück mit dem Zug rausgefahren, um möglichst früh im Nationalpark zu sein. Den letzten Zug zurück haben wir noch ganz knapp erwischt. Er hatte einen Speisewagen, und da haben wir uns alles bestellt, worauf wir Appetit hatten.

DER FÜNF-KUGELN-AUSFLUG Schon in der Morgendämmerung sind wir aufgebrochen, um einmal die ganze Insel zu umrunden. Die Berge, die sich vor uns auftürmten, berührten mit ihren Gipfeln die Wolken. Papa hatte dreimal einen Platten, der Pechvogel. Als wir zurückkamen, war es schon dunkel, auf dem Marktplatz wurde Musik gespielt und viele Leute tanzten.

WORAN ERKENNT MAN, DASS ES EIN GUTER AUSFLUG WAR? Daran, dass man etwas erlebt hat, was man normalerweise nicht erlebt, und es am Ende gut ausgegangen ist. Nicht immer läuft alles nach Plan, das gehört auch dazu. Es fängt an zu regnen, man fällt hin und schürft sich das Knie auf, verpasst den Zug zurück nach Hause oder es fährt sich irgendwie nicht so gut und man muss sich überwinden. Ein Ausflug fällt einem mal leicht, mal ist es eine Herausforderung, das Unbekannte zu meistern. Wenn man was zu erzählen hat, dann hat es sich jedenfalls gelohnt.

UM DIE WELT

Für manche ist die Fahrt zu Oma und Opa oder der einwöchige Ausflug mit den Eltern schon eine Weltreise. Das ist ja auch eine wahre Expedition! Andere haben eine Abenteuerlust, die sie an den Rand der Welt führt, und sie fahren mit dem Fahrrad über alle Kontinente. Eine Reise um die Welt kann Monate oder sogar Jahre dauern. Für Globetrotterinnen und Globetrotter ist wohl das Reisen ihr Zuhause.

Sahara, 200 Kilometer nördlich von Agadez in Niger, Mitte der 80er-Jahre des 20. Jahrhunderts.

DER MANN, DER ALLES SEHEN WOLLTE

Wie viele Menschen gibt es, die auf einer Weltreise 196 Länder besucht und so viele Kilometer zurückgelegt haben, als hätten sie die Erde sechzehnmal umrundet? Es gibt nur einen, und der heißt Heinz Stücke. Als 22-Jähriger brach er aus dem Dorf Hövelhof nahe Bielefeld auf, als 74-Jähriger kehrte er zurück. Er startete im Jahr 1962, bevor zum ersten Mal ein Mensch auf dem Mond war, in einer Zeit, als es noch kein Internet und keine Handys gab und deine Eltern noch nicht einmal geboren waren. Am Fahrrad hatte er außer den großen Taschen auch ein Schild mit der Aufschrift »Mit dem Fahrrad um die Welt«. Auf dem Rahmen und den Schutzblechen standen all die Orte drauf, an denen er schon gewesen war. Er fuhr ein einfaches Rad mit nur drei Gängen. Heinz behauptet, dass sie ihm gereicht hätten, er hätte es ja nicht eilig gehabt. Im Jahr 2014 kam er zurück, er war unglaubliche 52 Jahre unterwegs gewesen! Seine Reise führte ihn in jeden Winkel der Welt, und sie steht im Guinnessbuch der Rekorde. Man sagt, das Leben ist eine Reise. Für Heinz trifft das wortwörtlich zu. Er erlebte Tausende Geschichten und machte Tausende Fotos. Auch ein Film wurde über ihn gedreht, *Der Mann, der alles sehen wollte*. Heute ist er schon ein alter Mann und lebt in Hövelhof, und er wünscht sich, dass dort eines Tages ein Museum über seine Weltreise entsteht.

DAS EINMALEINS DES GLOBETROTTERS

Begegnungen mit guten Menschen sind das Geschenk, das eine lange Reise dir gibt. Sie füllen deine Wasserflasche, geben dir etwas zu Essen oder laden dich ein, in ihrem Garten zu übernachten. Reisende sind überall zu Gast.

Wo du die Sprache nicht sprichst, verständigst du dich mit Händen und Füßen und Bildern im Handy, auch eine Übersetzungsapp auf dem Handy kann helfen.

Wenn dir ein Ort komisch oder gefährlich vorkommt, verlasse ihn so schnell wie möglich.

Eine gute Planung ist genauso wichtig, wie den Plan ändern zu können, wenn sich etwas ergibt, wofür es sich lohnt.

Es gibt nicht viele Dinge, die man wirklich braucht: ein Gefühl von Sicherheit, Momente der Freude, einen guten Schlaf und die Möglichkeit, Hunger und Durst zu stillen. Außerdem: ein Fahrrad, das in Ordnung ist, und keine überflüssigen Dinge im Gepäck (was aber nicht bedeutet, dass du dir nicht etwas Kleines mitnehmen darfst, das dir die Reise verschönert).

Nichts überstürzen, Pausen einplanen und manchmal auch einfach ganz frei machen.

Immer einen Puffer einplanen: einen zusätzlichen Tag vor der Rückkehr, einen Schokoriegel in der eisernen Reserve, eine kleine Menge Bargeld ... Und nie so fahren, dass einem vor dem Ziel die Puste ausgeht.

Es gibt Erfahrungen, die kann man nicht beschreiben, nur erleben.

IN DEN ELEMENTEN

Feuer, Wasser, Erde, Luft – das sind die vier Elemente, durch deren Wirken alles auf der Welt geschieht. Das dachten zumindest einige Philosophen im alten Griechenland. Heute bezeichnen wir die Kräfte der Natur, die wir nicht kontrollieren können, als Elemente. Wenn man Fahrrad fährt, erlebt man die Launen der Natur und die Umarmung der Elemente am eigenen Leib.

STAUB Ich komme aus Nebraska, wurde auf den Namen Jennifer getauft, und ich bin Pfarrerin hier in Norfolk. Sowohl in der Bibel als auch im Koran steht, dass Gott den Menschen aus dem Staub der Erde erschaffen hat. Hier in der Gegend gibt es viele staubige Feldwege, und der Cowboy Trail Radweg beginnt hier. Eine Fahrradfahrt ist für mich eine Meditation in Bewegung. Wenn ich heimkehre, bin ich zwar ganz mit Staub bedeckt, aber ich glaube, ich bin dann näher an der Natur, der Erde, der Schöpfung. Und dass der Staub, der unterwegs an mir kleben bleibt, Teil meiner Reise und meiner Geschichte ist. Ich trete in die Pedale und staune über die Welt.

HITZE Man nennt mich Arjun, ich arbeite als Lehrer in einem kleinen Dorf in Kerala in Südindien, nahe Thiruvananthapuram. Hier ist es manchmal so warm, dass ich das Gefühl habe, mit meinem Körper die Hitze zu zerschneiden. Deshalb fahre ich ganz früh morgens mit dem Rad, noch vor dem Sonnenaufgang, und genieße die Ruhe und Stille. Oder erst am Abend, wenn es wieder abkühlt und die Dörfer lebendig werden und leuchten wie Sternbilder … Hier muss man sich dem Rhythmus der glühenden Hitze unterwerfen und geduldig mit ihr sein.

REGEN Ich heiße Aroha und lebe im Norden von Neuseeland in der Waikato Region. Hier Fahrrad zu fahren, ist wie ein Tanz mit dem Regen. Du kannst an einem sonnigen Morgen aufbrechen, und urplötzlich schüttet es wie aus Kübeln. Ich habe aber eine einfache Sache gelernt: Was nass wird, wird auch wieder trocken. Nasse Haare, Kleidung, Schuhe – alles wird irgendwann wieder trocken, und ich bin auch nicht aus Zucker. Ich löse mich nicht in Wasser auf! Wenn ich im Regen fahre, fluche ich oft innerlich wie ein Rohrspatz, aber ich freue mich auch darüber, dass ich tapfer bin und mich nicht unterkriegen lasse. Wenn ich dann pudelnass nach Hause komme, dusche ich warm und trinke einen Kakao.

SCHNEE Bei uns ist es im Winter immer dunkel. Ich heiße Riika und lebe in Oulu in Finnland. Winter ohne Schnee ist traurig. Aber heute im Matheunterricht fing es an, wie irre zu schneien. Wir haben nur noch auf diese weiße Pracht draußen gestarrt, die Quadratwurzeln waren uns egal. Danach wurden fleißig die Straßen, Gehwege und Radwege geräumt. Sterne kamen raus, und der neue Schnee brachte die Landschaft zum Leuchten. Einfach wundervoll! Ich stieg aufs Rad, um nach Hause zu fahren. Und auf einmal machte ich große Augen … Am Horizont zog ein Polarlicht vorbei, wie eine grün-blaue Himmelsschlange, die gerade aus einem Traum erwacht ist.

WIND Wenn ich morgens aufs Rad steige, um zur Uni zu fahren, stoße ich direkt vor dem Haus auf Gegenwind. Hier in Reykjavik kann es richtig doll windig sein. Auf dem Fahrrad ist der Wind wie ein unsichtbarer Berg, den ich überwinden muss. Ich trete in die Pedale, höre meinen Atem, versuche durchzuhalten und nicht zu spät zu kommen. »Hey, Bjarni, du bist ja rot wie ein Krebs!« machen sich die Studentinnen manchmal über mich lustig. Es stimmt, wenn der Wind so stark ist, dann muss ich mich abrackern. Aber ich freue mich, wenn ich es schaffe … und kann auch über mich lachen. Ich antworte: »Ja ja, es war ganz schön hart, aber dafür bin ich froh wie ein Honigkuchenpferd!«

EINE STADT ZUM LEBEN

Wie viele Menschen auf der Welt leben in Städten? Mehr als die Hälfte. Eine Stadt besteht aus Häusern, Gassen, Plätzen, Parks, Gehwegen, Überführungen, Unterführungen, Brücken, Straßen, und vielen Menschen. Menschen, die durch die Stadt strömen und irgendwo hinwollen. Durch diese ganzen Bewegungen erinnert der Klang der Stadt manchmal an das Meeresrauschen. Am stillsten ist es, wenn die Menschen schlafen. Früh am Morgen wachen sie auf und alles kommt wieder in Fluss. Die Bewegung ist das, was die Stadt lebendig macht. Haben die Menschen ein gutes Leben in der Stadt? Das hängt davon ab, ob die Stadt selbst unter Stress steht oder nicht.

海鵬海鮮
HOI PANG SEAFOOD
SEA KI

WAS IST EINE STADT?

Man steigt nicht zweimal in denselben Fluss, und man kommt nicht zweimal in dieselbe Stadt. Eine lebendige Stadt ist immer in Bewegung und verändert sich. Auch du veränderst dich die ganze Zeit.

Eine Stadt ist wie ein großer Bildschirm, auf dem alle zu sehen sind, die hier leben. Wo bist du zu sehen?

In einer Stadt kommunizieren die Menschen meist ohne Worte. Zum Beispiel, indem das Mädchen mit dem Roller wartet, bis der Vater mit dem Kinderwagen vorbeigefahren ist, oder der Teenager die ältere Dame zuerst in die Straßenbahn einsteigen lässt.

Wie viele Menschen haben sich heute frisch verliebt? Wie viele haben etwas Blödes oder etwas Schönes zueinander gesagt?

Wie viele haben sich geholfen? Und wie viele haben den Blick abgewandt, weil sie etwas nicht sehen wollten?

Es gibt Orte, an denen sich die Menschen auf der Straße grüßen. Und Orte, durch die täglich Tausende hindurchströmen, ohne einander zu kennen.

Städte sind aufgeschichtete Vergangenheit. Unsere Stadt ist nur die aktuelle Schicht, die später wieder von einer neuen überdeckt sein wird. Sie wird anders sein und doch dieselbe.

Das Fahrrad ist wie ein Musikinstrument. Es spielt die Oberfläche, auf der es fährt, wie eine Partitur.

Fußgänger berühren die Stadt mit ihren Füßen.

Die Städte selbst sind eigentlich still. Laut sind die Autos, Busse, Lastwagen, Straßenbahnen. Am Sonntagmorgen kann man die Stille der Stadt gut hören.

Manche Orte sind Hindernisse für Fußgänger, andere behindern Autos, wieder andere Fahrräder. Manche behindern sogar alle – die muss man ändern. Und es gibt ganz wertvolle Orte, an denen sich alle wohl fühlen – die muss man sorgfältig bewahren.

Städte sind Zentren der Bildung, der Macht und des Geldes. Wie sähe die Welt aus, wenn Parlamente auf Waldlichtungen stünden, Banken zwischen Bergen und Schulen mitten in riesigen Obstgärten?

Eine Stadt ist voller Orte, an denen das Leben tobt. Gleichzeitig gibt es viele verborgene Ecken.

Meist wohnen wir da, wo wir wohnen können, und nicht da, wo es am besten passt. Deshalb reisen wir so viel durch die Stadt. Wenn sich unser Leben verändert, verändern sich auch unsere Wege.

Auch Tiere leben in der Stadt, sie verstecken sich gern, wir wissen oft nicht, dass sie da sind. Das gilt nicht für die Tauben.

Die städtische Wildnis, das sind die Büsche, das Gras zwischen den Pflastersteinen, das Unterholz und das Unkraut. Würden die Menschen die Stadt verlassen, dann würde die Natur sie übernehmen.

Parks sind eine sorgfältig hergerichtete Erinnerung an die Natur.

DIE STADT UNTER STRESS

Eine gestresste Stadt ist leicht zu erkennen. Hier sind sich alle im Weg: die Autofahrer einander, Fußgänger und Radfahrer den Autofahrern. Die Autos behindern Busse und Straßenbahnen, sodass die nicht pünktlich kommen. Der überwiegende Teil der Straße ist besetzt von motorisierten Fahrzeugen aller Art, ob sie nun fahren oder parken. Ein Mensch ohne Auto fühlt sich hier wie ein Kaninchen auf der Autobahn. Autofahrerinnen und Autofahrer haben vom ewigen Stau ganz miese Laune, und die ist bekanntlich ansteckend. Die Bäume an der Straße wurden gefällt, um Parkplätze zu schaffen. Der Gehweg ist nur wie ein schmaler Pfad, der Fußgängerüberweg ist wie ein Steg über einen gefährlichen Abgrund. In so einer Stadt geht man nur raus, um so schnell wie möglich von einem Gebäude ins nächste zu kommen. Alle haben es eilig, Stress ist alltäglich.

Kinder sieht man hier fast nur auf Spielplätzen und in Schulen, denn sie sind außerhalb der für sie bestimmten Räume nicht sicher. Die meisten Kinder fahren auch nicht allein zur Schule. Weil die Eltern Angst um sie haben, bringen sie sie lieber mit dem Auto hin. Hier und da sieht man auch mal Radfahrer – Adrenalinjunkies. Wer joggen will, geht lieber ins Fitnessstudio aufs Laufband. Die Stadt ist voller Lärm, es staubt, die Hitze bringt sie zum Glühen wie eine Bratpfanne. Jeder Weg – sei es zu Fuß, mit dem Auto, dem öffentlichen Nahverkehr oder dem Fahrrad – ist eine unangenehme Notwendigkeit. In so einer Stadt verbringen die Menschen ihre Zeit lieber drinnen, und wenn sie können, entkommen sie ihr wenigstens übers Wochenende und fahren raus.

Die Stadt vor der Einführung des Elektroautos.

Die Stadt nach der Einführung des Elektroautos.

WIE MAN SICH EINE EISDIELE ORGANISIERT

Die Stadt, in der ich lebe, ist ziemlich klein. Ich heiße Klara, bin heute elf geworden und habe zum Geburtstag ein schönes grünes Fahrrad bekommen! Heute Abend gehen meine Eltern in die Oper, darum übernachte ich bei Oma. Morgen früh fährt sie mich zur Schule, zu Fuß wäre es zu weit.

Oma ist für jeden Spaß zu haben. Ich habe vorgeschlagen, dass wir mit dem Fahrrad zur Schule fahren. Aus der Garage habe ich ihr altes Fahrrad rausgezerrt, die Reifen aufgepumpt, und jetzt kann es losgehen! »Wie früher, als ich noch jung war …«, sagte Oma ganz versonnen.

Unterwegs haben wir gesehen, wie dem Gemüsehändler die Orangen weggerollt sind, wie eine Mitschülerin mit offenen Schnürsenkeln gerade noch den Bus erwischt hat und wie einer Frau der Hund mitsamt Leine abgehauen ist.

In den Seitenstraßen konnten wir gut fahren, aber an der Hauptstraße mussten wir lange warten, bis wir auf die andere Straßenseite gekommen sind. Vor der Schule war ein Kuddelmuddel. Meine Freundinnen haben Augen gemacht. Im Auto ist es zwar bequemer, aber langweilig, und außerdem kann man dann nichts alleine machen. Die Stadt ist doch eigentlich auch unsere …

Oma war begeistert und sagte, dass sie noch mit dem Fahrrad einkaufen fährt. Meine Eltern waren ganz überrascht … »Ist das nicht gefährlich?« Aber am nächsten Tag fuhr auch Papa mit mir mit dem Rad. »Es hat auf jeden Fall mehr Spaß gemacht als im Auto«, verkündete er am Abend.

Am Montag traf sich die ganze Mädchenbande mit Fahrrädern. Die Eltern schrieben sich am Abend davor lauter aufgeregte Nachrichten. »Fährt Frieda auch?«, »Hat jemand einen Helm übrig?«, »Wenn Milena fährt, dann will Jenny auch mit.« Die Schulklasse war in Aufruhr – was die Mädchen können, können wir auch, beschlossen die Jungs.

Das Geländer vor der Schule war mit Fahrrädern ganz vollgehängt. »So geht das doch nicht«, dachte der Direktor. Also ließ er zusammen mit dem Hausmeister auf dem Schulhof Fahrradständer aufstellen. Die waren schon bald voll.

Die Schule feierte 110-jähriges Jubiläum. Die Straße wurde für Autos gesperrt, und wer wollte, konnte in der letzten Stunde draußen den Asphalt bemalen.

Am Nachmittag war die große Feststunde. Der Direktor und die Bürgermeisterin hielten Reden. Als die Mädchen fragten, ob die Straße vor der Schule nicht dauerhaft autofrei bleiben könnte, schauten sie ganz überrascht drein – irgendwo muss doch der Verkehr durchfahren.

Bei der Klassenkonferenz sagte der Direktor aber, er wünsche sich, dass die Straße vor der Schule den Kindern vorbehalten sei. So wie beim Jubiläum. »Man könnte eine Tempo-30-Zone einrichten und eine Schulstraße, das bedeutet, dass vor Schulbeginn hier keine Autos fahren. Wer die Kinder mit dem Auto bringen muss, kann ein Stück weiter vorne parken, die paar Minuten zu Fuß bringen niemanden um«, erklärte er. »Und den Unterrichtsbeginn würden wir eine Viertelstunde nach hinten verlegen.« Aber die Bürgermeisterin war dagegen.

Als Papa von einer Dienstreise nach Barcelona zurückkehrte, erzählte er, wie an einem Tag die Straße voller Kinder auf Rädern war, eine Art Kinderfahrraddemo. Da dachte ich, wir könnten noch ein Kinderfest machen und die Bürgermeisterin einladen. Die Klassenlehrerin war auf unserer Seite. Also gingen wir im Gesellschaftskundeunterricht zum Rathaus – und nahmen auch einen Lokaljournalisten mit. Die arme Bürgermeisterin … Sie konnte nicht Nein sagen. Der Journalist schrieb über ihre Zusage einen Artikel mit der Überschrift »Kinder haben eine Stimme«.

Seit September ist die Straße vor der Schule die beste in der ganzen Stadt. Sie gehört nicht nur uns. Leute gehen hier auch nur spazieren. Und eine Eisdiele hat aufgemacht. Manchmal, wenn ich mich hier morgens mit meinen Freundinnen treffe, staunen wir, wie sehr sich alles verändert hat … Und Oma und ich haben es angestoßen! Und meine Freundinnen! Und die Jungs auch! Und die Lehrerin und der Direktor! Also irgendwie wir alle!

SPASS IST POLITISCH

Sich einig zu werden, ist eine Kunst. Nur stur eine Veränderung zu wollen reicht nicht aus, man muss auch verhandeln, Leute überzeugen können und gleichzeitig zuhören und die Bedürfnisse der anderen wahrnehmen. Einigungen zu suchen, ist wichtig in der Politik. Das Wort Politik kommt von dem altgriechischen Ausdruck Polis, das bedeutet Stadt – aber auch Gemeinschaft. Wir alle, die wir zusammenleben, Kinder und Erwachsene, bilden die Polis. Wollen wir, dass der Ort, wo wir leben, für alle da ist? Wir sollten den öffentlichen Raum so gestalten und uns so in ihm bewegen, dass er für alle geöffnet wird, dann verändern wir die Polis. Auch Spaß haben ist Politik!

THEATER DER STRASSE

Wir erfahren die Stadt in Bewegung. Ob man zu Fuß geht, Fahrrad fährt, öffentliche Verkehrsmittel oder das Auto nimmt, hängt davon ab, wo man hinwill und auf welchem Weg. Und dementsprechend spielen wir im Theater der Straße verschiedene Rollen.

ÜBERALLHIN ZU FUSS. Eine gut durchdachte Stadt gewährt Fußgängern den Vortritt. Sie sind nicht schnell und sie sind verletzlich, sie werden von keiner Karosserie geschützt. Aber dank ihnen ist die Stadt lebendig. Am besten ist man da zu Fuß unterwegs, wo wenig Verkehr ist, wo man nicht durch Über- und Unterführungen klettern muss, und wo keine Ampeln sind, an denen man tausend Jahre wartet, bis es grün wird. Und da, wo Bäume sind, die die Stadt an heißen Tagen abkühlen. Fußgängerzonen und Parks sind meist die schönsten Orte in einer Stadt.

MIT DEM RAD NACH MEINEM FAHRPLAN. Aus der Perspektive des Radfahrers ist die Stadt dann am wenigsten gestresst, wenn sich auch Eltern mit Kindern trauen zu fahren. Das Fahrrad bringt einen direkt von der Haustür immer und überall hin. Eine gut durchdachte Stadt bietet ein ganzes Netz an Radwegen, durch die Fahrräder, Autos und Fußgängerinnen voneinander getrennt sind. Sobald es sichere und gut entworfene Radwege gibt, werden sie auch fröhlich benutzt, egal ob die Stadt flach ist oder hügelig. Das Fahrrad braucht gegenüber dem Auto wenig Platz, man kann es fast überall parken, und auf kürzere Entfernungen ist es genauso schnell. Darum ist das Radfahren »stadtgestaltend«.

MIT DEM AUTO, ABER MÖGLICHST NICHT IM STAU. Autos galten einst als Luxus und Komfort, doch heute überfluten sie die Städte. Das Problem ist der Platz: Überall wird Parkraum benötigt, doch die Straßen lassen sich nicht aufblasen. Die Lösung liegt auf der Hand: Moderne Städte brauchen weniger Autos. Ein gut funktionierender Personennahverkehr und bessere Wege für Fußgänger und Radfahrer entlasten die Straßen. Dann kommt man auch im Auto besser durch die Stadt, wenn man es mal aus gutem Grund fahren muss.

IM BUS AM STEUER AUF ALLE AUFPASSEN. Das Lenken von Bus, Trolleybus oder Straßenbahn ist super anspruchsvoll. Man trägt die Verantwortung für Reisende und muss pünktlich sein. Der öffentliche Personennahverkehr soll verlässlich und angenehm sein, damit die Menschen ihn gern nutzen. Daher gibt es auf stark ausgelasteten Straßen extra Busspuren.

ABRAKADABRA INFRASTRUKTUR

Das Zungenbrecherwort Infrastruktur klingt wie eine Zauberformel. Man bezeichnet damit alle möglichen Sachen, die helfen, dass ein Raum funktioniert. Zur Infrastruktur einer Stadt gehören Straßen, Straßenschilder, Ampeln, Geh- und Radwege, Brücken, Schienen, die Kanalisation, Stromleitungen und vieles mehr. Dass alles funktioniert, hat nichts mit Zauberei zu tun. Es ist das Ergebnis der sorgfältigen Arbeit vieler kluger Köpfe und geschickter Hände – von Entsorgern und Gärtnerinnen bis hin zu Stadtplanerinnen und Politikern.

AMSTERDAM VORHER UND NACHHER Es ist noch nicht lange her, da war Amsterdam eine Stadt, die von Autos überquoll. Als 1971 in den Niederlanden durch Autos mehrere Tausend Menschen ums Leben gekommen und sogar 400 Kinder gestorben waren, sagten die Einwohner der Stadt: »Genug, so geht es nicht weiter!« Sie protestierten, verhandelten mit Politikern und kontrollierten, ob sie ihre Versprechen hielten. Nach und nach veränderte sich etwas: In Wohnvierteln wurde die Geschwindigkeit begrenzt, Fahrradwege wurden eingerichtet, Fahrradständer und Fahrradparkhäuser an den Bahnhöfen gebaut … Und dann wirkte Amsterdam bald so, als wären hier schon immer alle mit dem Rad gefahren.

GHOST BIKE Weiß besprühte Fahrräder, die an Geländer oder Straßenschilder angekettet sind. Es gibt sie auf der ganzen Welt: in New York, Prag und sogar Singapur. Sie dienen dem Gedenken an Radfahrerinnen und Radfahrer, die bei einem Unfall mit einem Kraftfahrzeug ihr Leben verloren haben. Geisterräder.

GRUNDREGELN DES RADFAHRENS (NICHT NUR) IN DER STADT

DIE AUGEN OFFEN HALTEN UND AUSSERDEM:

Helm tragen.

Den Lenker nicht loslassen
und die Hände
an den Bremsen haben.

Ich mache ein Handzeichen,
wenn ich abbiegen will,
und schaue mich noch mal um,
bevor ich tatsächlich abbiege.

Gut sichtbar sein:
Reflektoren,
Vorderlicht, Rücklicht.

In einer unübersichtlichen Situation absteigen und Fußgängerin
oder Fußgänger werden.

An einer Kreuzung in alle
Richtungen schauen
und bei Rot stehen bleiben.

Ab dem Alter von 10 Jahren darfst du nicht mehr auf dem Gehweg Rad fahren. Die Verkehrsregeln besagen, dass an deinem Rad die Vorder- und Rückbremse, die Klingel und das Vorder- und Rücklicht funktionieren müssen. Außerdem sollte es Reflektoren in den Speichen und an den Pedalen haben – rote hinten und weiße vorne.

In Deutschland und der Schweiz ist der Helm nicht vorgeschrieben, in Österreich ist er für alle bis 12 Jahre Pflicht. Wer sich auf der Straße nicht orientieren kann, gefährdet sich und andere. Darum muss man die Grundregeln kennen, wissen, wer Vorfahrt hat, und die Verkehrszeichen kennen:

Stehen bleiben

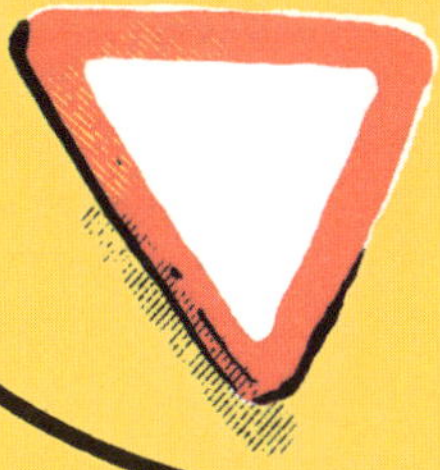

Vorfahrt gewähren und warten, bis die Straße frei ist.

Hier hast du Vorfahrt (aber trotzdem Acht geben!).

Hier nicht reinfahren.

Hier kannst du fahren.

Hier musst du fahren.

Du darfst nur in die Pfeilrichtung fahren.

ERWEITERTE REGELN

Wer auf der Hauptstraße im Zickzack fährt, der hat wohl Lust auf einen Schlamassel.

Über Gleise und Bordsteinkanten möglichst im rechten Winkel fahren. Bei Nässe sind sie glatt, gefroren erst recht.

Erkläre deinen Eltern, dass sie für große Fahrradtouren immer deine liebsten Snacks einpacken müssen.

Nah an geparkten Autos vorbeizufahren ist riskant: Du weißt nie, ob sich unerwartet eine Autotür öffnet.

Fußgänger haben immer Vorrang.

Halte dich auf der Straße immer rechts, aber auch nicht zu weit … etwa einen halben Meter von der weißen Linie entfernt.

Wer sich beeilt, kommt auch nur drei, vier Minuten schneller an als einer, der ganz entspannt fährt.

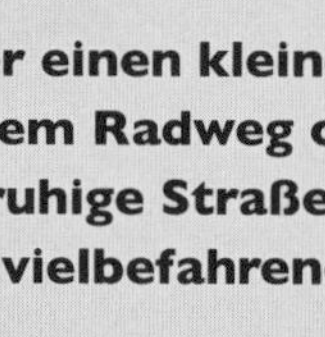

Lieber einen kleinen Umweg auf dem Radweg oder durch eine ruhige Straße fahren als über eine vielbefahrene Hauptstraße.

Wenn du auf den Gehweg wechseln musst, solltest du schieben. Wer auf dem Gehweg fährt, dem gerät schnell mal ein liebes Großmütterchen unters Rad.

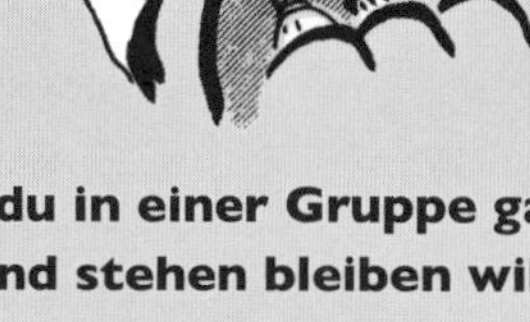

Wenn du in einer Gruppe ganz vorne fährst und stehen bleiben willst, gib ein Signal. Bremse nicht zu plötzlich, damit nicht alle von hinten in dich reinrattern.

Mit Kopfhörern nimmt man die Umgebung nicht mehr gut wahr.

Vor Glascontainern und vor Kneipen liegen gerne mal Scherben.

Halte Blickkontakt mit den anderen Verkehrsteilnehmern. Wenn dich ein Autofahrer an der Kreuzung nicht sieht, warte lieber kurz ab.

Die rechten Schnürsenkel lieber in den Schuh stopfen, damit sie sich nicht während der Fahrt in der Kette verheddern.

Löchern oder Kanaldeckeln lieber ausweichen.

Leute, die aufs Handy starren, sehen dich nicht.

Wenn Menschen aus der Straßenbahn aussteigen, schauen sie sich nicht um und sehen dich nicht.

Hunde und ihre Herrchen sind manchmal durch eine fast unsichtbare Leine verbunden.

Kleine Kinder sind ungesteuerte Raketen.

Nie die Hoffnung verlieren und auch nicht den Schlüssel zum Fahrradschloss.

Kontrolliere alle zwei Wochen, ob deine Reifen gut aufgepumpt sind. Ein halb leerer Schlauch bekommt leichter einen Platten.

Lächeln, winken, Freude verteilen.

**ENTDECKE ORTE,
DIE DU NICHT KENNST,
ENTDECKE DICH SELBST.**

SANTACLARA
青
梅

11月
9:30 – 10:30

Die Entstehung dieses Buchs wurde durch ein Stipendium des EU finanzierten tschechischen National Recovery Plan gefördert.

Financováno
Evropskou unií
NextGenerationEU

CZECH
RECOVERY PLAN

Die deutsche Ausgabe dieses Buchs wurde vom Ministerium für Kultur der Tschechischen Republik gefördert.

MINISTRY OF CULTURE
CZECH REPUBLIC

FAHR RAD

Text von **Ondřej Buddeus**
Illustrationen von **Jindřich Janíček**
Aus dem Tschechischen von **Lena Dorn**

3. Auflage 2025

Lektorat im Tschechischen: **Hana Buddeus**
Lektorat der Übersetzung: **Alexander Löwen**
Gestaltung: **Jindřich Janíček**

Gedruckt auf chlor- und säurefreiem Papier und gebunden bei Jelgavas Tipogrāfija, Jelgava in Lettland.
Printed in Latvia
ISBN 978-3-7920-0386-2
www.karl-rauch-verlag.de
Karl Rauch Verlag GmbH & Co. KG,
Grafenberger Allee 82, 40237 Düsseldorf
info@karl-rauch-verlag.de